《语文报》编写组 选编

真诚是激荡青春的乐章

文精品集萃丛书·真诚的美好系列

时代文艺出版社

图书在版编目（CIP）数据

真诚是激荡青春的乐章/《语文报》编写组选编.
-- 长春：时代文艺出版社，2021.6
（青春美文精品集萃丛书.真诚的美好系列）
ISBN 978-7-5387-6799-5

Ⅰ.①真… Ⅱ.①语… Ⅲ.①作文－中小学－选集
Ⅳ.①H194.5

中国版本图书馆CIP数据核字(2021)第103440号

真诚是激荡青春的乐章
ZHENCHENG SHI JIDANG QINGCHUN DE YUEZHANG

《语文报》编写组　选编

出品人：	陈　琛
责任编辑：	陈　阳
助理编辑：	胡　军
装帧设计：	陈　阳
排版制作：	隋淑凤
出版发行	时代文艺出版社
地　　址：	长春市福祉大路5788号　龙腾国际大厦A座15层　（130118）
电　　话：	0431-81629751（总编办）　　0431-81629755（发行部）
网　　址：	weibo.com/tlapress（官方微博）　　sdwycbsgf.tmall.com（天猫旗舰店）
开　　本：	880mm×1230mm　1/32
字　　数：	135千字
印　　张：	7
印　　刷：	三河市嵩川印刷有限公司
版　　次：	2021年6月第1版
印　　次：	2021年6月第1次印刷
定　　价：	36.00元

图书如有印装错误　请寄回印厂调换

编 委 会

主　　编：刘应伦

编　　委：刘应伦　赵　静　李音霞
　　　　　郭　斐　刘瑞霞　王素红
　　　　　金星闪　周　起　华晓隽
　　　　　何发祥　朱晓东　陈　颖
　　　　　段岩霞　刘学强

本册主编：黄景云　王鸿嘉

Contents 目录

一树柿开

回忆滴滴，故事点点	/ 陈　汐	002
一树柿开	/ 陈嘉欣	005
有你真好	/ 林心如	007
难忘的一件事	/ 郭诗琪	009
好家风，责任在心中	/ 陈　汐	011
校园	/ 郭诗琪	013
老师不在场的时候……	/ 陈惜时	015
偷书记	/ 苏　卿	018
不一样的"画"	/ 苏　卿	021
这是你必须学会的	/ 林雨静	024
英语烦恼你快些跑	/ 陈惜时	027
成长的快乐	/ 黄娜娜	029

努力的麦穗

经验亦是财富 / 林雨静 034
初见陈老师 / 陈晓汐 037
打开 / 陈锦权 039
给"老王"的一封信 / 陈晓汐 042
尝试 / 薛婷丰 044
城市美容师 / 薛婷丰 047
读《西游记》有感 / 纷 纷 050
发生在大街上的事 / 郑镖漂 053
感恩妈妈 / 纷 纷 055
行动吧,为梦想去努力 / 杨 昕 058
荷花 / 苏垚柯 061
努力的麦穗 / 苏垚柯 063
脐橙的自述 / 骆 驼 065
我战胜了恐惧 / 骆 驼 068

和蚊子较量

制作彩蛋 / 婷 婷 072
好书伴我成长 / 黄辣辣 074
和蚊子较量 / 黄辣辣 077
家乡新事多 / 黄依娜 080

童年趣事 / 黄依娜　083
我心目中的三国英雄 / 黄慕雪　085
祝您生日快乐 / 王赫媛　088
秋天来了 / 王赫媛　090
明月几时有 / 王　赫　092
草，令我陶醉 / 李俊怀　094
我最熟悉的人 / 薛海平　096
书，令我陶醉 / 林函颖　098
老师，您别动 / 陈逸潇　100
我最熟悉的人 / 兰佳蕾　102
开在心中的友谊花 / 江一民　104
我难忘的一件事 / 兰佳蕾　106

窗边的三角梅

运动会 / 郑耀炜　110
秋天的美 / 江　婧　112
挥洒汗水的青春 / 兰蕾蕾　114
窗边的三角梅 / 兰蕾蕾　116
春 / 郑耀炜　118
自然让我陶醉 / 邓雅仙　120
夜，让我陶醉 / 赵如雪　122
助人为乐的感觉真好 / 赵如雪　124
我的小学老师 / 吴思贝　126

真诚 是激荡青春的乐章

我的童年 / 游浚杰	128
童年趣事 / 陈星羽	130
沙滩 / 钟铭城	132
我的小学老师 / 缪浩东	134
春雨 / 陈舒红	136
迷人的四季 / 阮侬南	138
我的家风 / 谢雯羽	140
我读四季 / 彭婉婷	142
独自面对所有事 / 陈萧萧	145

和雨聊聊天

校园运动会 / 黄慕雪	148
棚！老！大！ / 冯佳欣	150
成长之灯 / 林 清	152
军训 / 缪亦涵	154
黑色的身影 / 林清玉	156
爱画画的女孩儿 / 林郁雯	158
都是背书惹的祸 / 林凯悦	160
诚 / 王子元	162
官浦的油扇传人 / 陈士源	164
和雨聊聊天 / 王子元	166
花香 / 余婧一	168
亮剑 / 王思勤	170

"榴莲"鞋 / 林凯悦　173
难忘的一次溜冰 / 刘　颖　176
秋天让我陶醉 / 刘　颖　178

在碗中盛开的白莲花

期末复习交响曲 / 游浚杰　182
幸福的三轮车 / 李世玉　185
"一屋不扫，何以扫天下" / 陈彦宁　187
说泡姜 / 陈士源　189
三八妇女节 / 黄娜娜　191
甜蜜的泪 / 陈毓坤　194
在碗中盛开的白莲花 / 白画源　196
指尖艺术——剪纸 / 白画源　198
我是小小禁烟员 / 吴浩宇　200
中秋纪事 / 周鑫铭　202
教师赞 / 郑垚堰　204
一起走过 / 郑垚堰　206
挫折不可怕 / 彭津琳　208
真诚的人 / 陈嘉怡　210
享受旅游的乐趣 / 王子元　212

一树柿开

回忆滴滴，故事点点

陈 汐

爸爸不在家，妈妈和我一边吃晚饭，一边讲起了以前的事儿……

那是九年前，在穆阳，一座只有两层的房子里，住着我一家、姑姑一家、婶婶一家，还有爷爷和奶奶。大家生活在一起，和和睦睦。吃着自己种的菜，一日三餐都没少，饿不着，冻不着，生活再平静不过。

掀起波澜的是那个风雨交加的晚上。那满天的繁星似乎都被我的哭声吓跑了，黑暗的魔爪撕开了天幕，大雨倾斜而下，屋前的老树瑟瑟发抖，凹凸不平的地面满是积水……

年幼的我下楼梯时一个不留神摔了一跤，门牙垫着下嘴唇磕在了墙上，牙齿穿透了下唇。刹那间，鲜血涌出，哭声大起。大家闻声赶来，见到我满脸满手满墙的血，面色苍白都慌了神。奶奶一惊,血压升高眼看就要晕倒,爷爷急忙扶住。大家立即要送我就医。可那时老家离医院并不近,交通也不方便。

爸爸不管三七二十一,抱着我便往外冲,叔叔拿着伞追了出去;姑丈安抚姑姑、妈妈和婶婶的心情;爷爷打着伞去药店买定心药……这个夜晚因我而不得安宁。

终于冲到了医院。"医生!医生!"爸爸额角青筋暴起,竭力嘶吼着。

浑身湿透的叔叔、爸爸、我被领到了医生面前。医生立即对我进行了应急措施,脸色严肃地对爸爸说:"立即转到闽东医院,一分钟都不要耽搁!"

当机立断,叔叔回家帮忙,爸爸抱着我上了救护车。

我一路都在号啕大哭,爸爸一路都抱着我,医生一路都在给我止血。

赶到了闽东医院,急诊科马上给我安排了缝合手术,疲倦使我暂时安静了下来。"哎——"爸爸长吁一口气,绷紧的神经总算放松了下来。手术后,我又上了回穆阳的车。

路面满是碎石和细沙,坑坑洼洼的。车在公路上颠簸,已经接近穆阳。

以为没事了,可命运并没有就这样放过我,我被颠醒了,又"哇哇"大哭。刚缝合的伤口又崩裂开来。情况紧急,车子立刻调头,我被转送回闽东医院,进行了第二次的手术。爸爸在手术室外坐立不安，时不时搓搓手，又跺跺脚，然后叹口气……

"叮咚"一声响，手术结束了，总算一切安好，我又睡着了……

时间已是凌晨三点了，风波终于平息。

时间匆匆飞过九年，只剩我唇下那道不起眼的伤疤默默记录着这件事。

妈妈讲完了故事，又感叹："那也已经是过去的事，现在生活水平提高了，别说交通便捷、公路平坦，要是你再不小心闹出急病来，听说打个电话，医生都能到家里来呢！各方面条件都比以前好多了，将来有的是好日子过呀！"

一 树 柿 开

陈嘉欣

这是一棵老柿树。

它仍然有着盘虬如卧龙的枝干，它的叶子仍然深绿，只是没有那样浓密，它静静立在一方土地，散发厚重深远的气息。它像睿智的老者，稳重而慈祥。

看着它，你仿佛看到五年前，它还是一家人秋天的希望。枝叶长长，伸向你看不到的地方。结出的柿子个个饱满，重得将枝叶拉得垂下，焦黄的颜色亮着你的眼。一家人围在村下，年长一些的乐呵呵看着小辈们忙碌；年轻力壮的，伸着长长的木杆，木杆顶端开个口，伸向树顶嫣红的、已经快成熟的柿子；一些妇人在树下忙着收集，背着竹筐，汗水淋淋照着他们朴实的笑颜；几个小孩也各自跑到矮些的树枝下，伸手去摘能够到的那些柿子。

而现在，一眼望去，你第一感觉是鲜明的颜色，浓得发亮的绿间，掺杂点点鲜红——那是没有摘的柿子，在树上孤零零地熟透；走近，你闻到的都是泥土与青草带有腥味的气息，而柿子树是没有味道的——难道你期望一个老者散发出"迷人的香气"？它树上结出的果子瘦小但称不上干瘪，结的不多，零零散散，散布在这枝叶间，许多已经生了蛀虫。

树下有几个外地的来这儿摘柿子，他们很兴奋——或许他们没见过这样大的柿树。他们忙着拍照，发朋友圈，谁也没注意到身后绵长的叹息。

九月的果园像生完孩子的少妇，宁静幸福而慵懒。年轻的柿树伸着浓密、坐实的枝干，扬扬得意地嘘叫，不屑于搭理这棵老柿树；新生的幼苗则羡慕它庞大的身躯，想努力攀上那一方东土；而它自己呢，带着些迟暮之感，对这些不感兴趣——它太老了，不想舒展身体，不想争强争胜。

这棵柿树虽老，但没有人想把它移开，种上新柿树，因为这是果园中第一棵柿树，它仍然结那些或许没人采摘的果实，仍然坚定地守在这一方净土，仍然——守护这家园。

有 你 真 好

林心如

云轻轻飘散，云静静流转，玉锦繁花时节，有你的相伴，我从未孤单——母亲，有你真好！

雨，淅淅沥沥地下着，如天空的精灵降临人间，在地上跳出华美的舞步，奏出欢快的乐章，活泼而又美丽。漫步于雨幕中，被它们所吸引，不禁伸手触碰那雨滴，凉凉的，令人舒心。"不要玩水啊，感冒了怎么办？"耳旁响起你温柔的提醒。收回手，抬头见你关心的笑颜，我不好意思地笑了。

有你的关心，真好！

风，轻轻地吹拂着，带着一丝凉意，树叶纷纷扬扬地飘落，片片金黄。坐在秋千上，轻轻摇曳着，望着那一尘不染的蓝天，风，拂过脸颊，柔柔的，渐渐有了困意，昏昏欲睡。朦胧间，似乎有谁向我缓缓走来。"你啊，每次都这样,小心点,可不要又在秋千上睡着了,掉下来,可不是闹着玩的。"我揉揉腰,委屈地说:"就是困啊,我有什么办法。"你笑了,拉起我的手:"唉,带你去吃东西,去去困。"我一听立马跳下秋千高兴地拉着你奔跑。

有你的爱护,真好!

琴,缓缓弹奏,流淌着一首首轻快的乐曲,音符如同舞者,舞出一曲动人的乐章。沉迷于音乐中,正沾沾自喜:"我弹得真好。"头忽地被敲了敲:"怎么,这就高兴啦,骄傲可不好。"我低下头,吐了吐舌头,笑嘻嘻地说:"我错啦。"

有你的教诲,真好!

你的提醒时常萦绕于我的耳畔,它们告诫着我,关心着我,温暖着我,给予我无限的爱。母亲,有你真好!

难忘的一件事

郭诗琪

诸事如空中的繁星，有的璀璨夺目，在幕布般的夜空熠熠生辉；有的暗黑无光，隐没在某个角落。那件事，如同烙印般刻在心中，久久难以忘怀。

清晨，微风轻拂，引得婀娜多姿的柳絮随风舞动，吹开了草尖上那豆大的露珠。阳光透过稀疏的枝叶撒在草丛中，如同金子般点缀大自然。鹅卵石的尽头，是溪水在呢喃细语……

我迈着轻快的步伐步入班级，哼着小曲儿，一晃一晃的。班级别样的嘈杂，我艰难地挤入人群，只见娜娜手拿一支钢笔，骄傲地朝人群挥过一圈，惊叹声随即传入耳帘。娜娜满脸绽放着笑容，说道："这是我爸爸专门从法国带回来的钢笔哦！"好奇的脑袋如同新生的嫩芽破土而出。墙头草纷纷附和，使人鸡皮疙瘩都起来了。"丁零零……"上课铃声响起，大家扫兴地离开了。

放学时，娜娜去了办公室。那支钢笔从她的书包中露出了一个小角，如磁石般吸引着我上前。一个念头在脑海中一闪而过，不如我带回家玩玩吧。在好奇心的促使下，惨祸诞生了。

第二天的清晨，心中如同压了千斤石，堵得慌。神色凝重，忧心忡忡。班级传出阵阵哭喊声——是娜娜，她正发了疯似的搜查每个人的书包，那哭喊声触痛着我的心灵深处，在解释与不解释中徘徊。

马上就轮到我了，我的心跳加快，"扑通扑通……"冷汗时不时地从手心冒出，惴惴不安。刹那间，我与她的眼交织在一起，我抵触地躲避开了。可怕的一幕发生了，钢笔从书包中滚落出来，全班同学的目光紧紧地盯着钢笔，只见娜娜蹒跚地俯下身子，拾起钢笔，绝望地指着我说："你是我最好的朋友，你知道这支钢笔对我多重要么，你……"说着，便捂着眼向操场跑去，大家都跟出去了。

教室里安静得令人发慌。猛然间，鼻头一酸，泪水如同断了线的珍珠，夺眶而出，一滴，一滴，滴答，滴答……

"我错了！"这声道歉憋在口中，迟迟没有说出口。

这事让我终生难忘……

好家风，责任在心中

陈 汐

"人不管在哪一个行业，都要做好本行的事，即使职业不伟大，只要做得好，就都是伟大的。"这是外公教给妈妈的。

妈妈曾告诉我，在她小时候，外公家离工作单位很远，可是外公永远是最早到的。有一次，为了考试复习，妈妈凌晨四点钻出温暖的被窝，竟发现外公早已洗漱完毕，跨上自行车，迎入寒风的怀抱。数九隆冬天，冷气直往领子里灌。天也才透出几分蓝颜色的光，一道光柱从外公的自行车把上直射向前方，伴着昏暗路灯，勉勉强强照亮了前行的路。客厅的桌子上还放这一本书，小半个馒头，和半杯凉开水。

外公被表彰的背后，有无数冻裂的伤口，有无数辛勤的付出。

爸爸和我说："不但职业，任何一份责任落在肩上，都应把它放心中，记住该完成的，一定要把它完成到最好。"

记起前不久的周末，爸爸要去学校给竞赛班上课，顺便带上我和妈妈去新校区参观。我在校内任意闯荡，恰好行到教学楼四楼，透窗望进去，爸爸在全神贯注地讲课，学生们在全神贯注地听课，没有人注意到我。爸爸讲得神采飞扬，道不完的知识、绘不尽的经验，又或倾泻于粉笔尖。拼命争分夺秒浇灌眼前每一棵挺拔俊秀的树，只愿他们成为栋梁。

一看手表，我忙转过身去找妈妈，一同去食堂等爸爸。约定的时间是十一点半，可直到十二点的钟声响过后，食堂门口才出现爸爸急匆匆的身影。"定是上课又上到忘我了。"妈妈叹了一口气。

我想：做学生，应该像外公一样勤奋；做班委，应该像爸爸一样负责。

同桌好学，可成绩总是上不去。地理课四十五分钟，她坐得笔直，又挤尽了下课时间背书，面对题目仍然疑惑不解。望着她皱眉抿嘴，我主动提出教她。简写的笔记被我补全，铅笔在课本上圈圈画画。我牺牲了下课、放学、午读时间，不厌其烦地讲了一遍又一遍经纬网，换来她从茫然到掌握。地理小测中，有关经纬网的部分，她全对。她爸爸总说要感谢我，我说："没关系，我是组长，自然要教她。"

好家风，责任在心中。人有责任，家庭有责任，社会有责任。如果大家都能做好该做的事，国家岂能不富强？

校　园

郭诗琪

校园封存着学生愉快的记忆。它让我们拥有渊博的知识、高尚的情操，养成良好的学习习惯……总之，它是我们强大的臂膀，令我无法忘怀的，是我走过小学六年生活的母校——德艺。

在大门口看着，左右两边的柳树随风摇曳，如同婀娜多姿的少女在跳舞。随着自动铁栏的缓慢打开，红色的大屏幕放映着咱们的光辉事迹；池塘还是那样的清澈见底、那样的生机勃勃，鱼儿似乎困倦了现在的生活，钻进石底，窥看这一切。

再走近些，便听到琅琅的读书声，同学们迈着轻快的步伐踏入校园，清脆的笑声如银铃般悦耳，也有的结伴而行，讨论着昨晚的作业——老师也匆匆赶到学校，不想耽误学生们的一分一秒。

"丁零零……"上课铃声响起,同学们已迅速做好课前准备,等待吸收新知识,老师在黑板写下笔记,学生们便提起笔来,老师讲述课文内容,同学们要聚精会神地盯着老师、看着黑板,不想错过任何一个知识点,就是这么好的学习氛围啊!

"丁零零……"下课铃声响起,同学们欢喜万分,他们知道休息时间到了,便蜂拥般地挤出教室。这下,一派喧闹的景象开始了!好学的同学们依旧会坐在教室复习、整理,在书海中探索寻找乐趣;调皮的同学会跑到操场外玩耍,锻炼自身的体质,女生会依偎在一起讨论哪件服装好看,男生们商量蓄谋已久的"篮球大战"——时间十分珍贵,可绝不能吵闹追逐、做过于激烈的运动。

夜幕悄悄地降临,云朵像被墨水洒上一般,黑乎乎的;零散星星也出现了,眨呀眨,向人们炫耀自己的美丽。

寝室开始熄灯了,一片寂静。可听到窗外徐徐的晚风声,同学们钻进被窝,进入甜美的梦乡。第二天,迎接我们的又是什么,谁又知晓呢?

时光溜走,我们即将小学毕业,告别这所充满无限回忆的母校,感到无比的伤感、留恋!

待我们长大成年步入中学大学再回德艺学校时,不知它会变化吗?会有什么变化呢?

老师不在场的时候……

陈惜时

六年级，是我们小学阶段最懂事的时候，也是最顽皮的时候。因此，那一天，我们被罚了静坐……

我们在教室里规规矩矩地坐着，走廊上，是别班同学的嬉戏声；班级里，是"老班"的训骂声。"野火烧不尽，春风吹又生"，毕竟是练了六年的脸皮。难得漫长的"惩罚"才结束，活跃的氛围就踢飞了死气沉沉的空气。体育课在同学们课前的共同"努力"下，成功泡了汤。

"耶！"班主任教育完我们刚离开，欢呼声便此起彼伏，"静坐万岁！打倒四百米！"随之是一片哄笑。可说话声还未完全腾起，便被一句"班主任来了"扼杀在摇篮里。

大家急忙坐好，一看，哪有班主任的身影？同学们相视一笑。安静不过半分钟，便莫名响起一声："六（3）

班！"立刻又人答道："无所畏惧！""宗旨！""团结！"全班哗笑后，便再也静不下来。

画画的、写字的、聊天的、大笑的、起哄的，一片嘈杂，凝神仔细听，还有"彩云之南……"的歌声。纸条纸团纸飞机到处飞，橡皮末、小黏土遍地是；有的人头上脸上身上各吸着一个气球，有的人衣服裤子鞋子都湿了一大片。

我抬头眼睛一扫：何烨在发呆，子鑫在画画；若菡和悦涵在聊天，子涵和增杰在看漫画……

班级里最活跃的要数余越同学了。余越在老师在时便已是像全身长满跳蚤似的不安分——不是这里抽抽，就是那里扭扭。老师离开后，便更是放肆。他先是站起来，然后又坐下，又站起……站站坐坐的。然后又将手举至耳边，放松地耷拉下手掌转过身，面对大家，抖动膝盖以抽搐全身，还吐着舌头、翻起白眼，做着鬼脸，模样很是滑稽，逗得大家哈哈大笑。见同学乐得合不拢嘴，还扬眉咧嘴，露出了得意的神色。

我正乐呵着，突然被同桌猛一拍，疑惑抬头，被眼角一个身着黑衣的人吓了一跳，条件反射地坐好。

只见我们的"老班"，黑着脸、抄着手站在班门口。同学们立刻坐得端端正正，教室顷刻间鸦雀无声。老师手直指着我们，像一头暴怒的狮子，嘴唇发紫，脸色发青，瞳孔喷火，似乎肺都要气炸了。她边摇头边说："我从来没有教过你们这样的班级……"同学们立刻表现得"满脸悔恨、由衷惭愧，恨不得有条地缝钻进去"。

大家表面上十分诚恳，但心却仍然停留在刚才，蠢蠢欲动。前排的同学趁老师不注意向后做鬼脸；中间的同学不停系着鞋带；后面的同学遮着掩着窃窃私语；靠窗的同学窗户开了又关、关了又开……我也忍不住掀开了课时作业的一角，又偷偷奋笔疾书。

这就是我们班屡教不改，老师不在场时的模样。我期待下一次的"静坐"。

偷 书 记

苏 卿

偷书？看到这个字眼你肯定很好奇，书为什么要偷呢？别急，让我来给你解释。有句名言说得好："书，是人类的良师益友。"因此，我也特别喜欢阅读。

那天晚上，我照常翻开课外书——《城南旧事》，津津有味地阅读起来，沉浸在英子美好纯真的童年故事里。"苏卿、苏卿。"妈妈一连叫了我好几声，我都没有听见，依然狼吞虎咽地"啃书"。"啪"，一只手拍在我的肩膀，吓得我直冒冷汗，慢慢扭过头去，"哦"，原来是妈妈呀！我拍着胸口，心想原来一场虚惊。妈妈严厉极了，说："快去睡觉，都几点了！"我不甘愿地把书收好，慢慢吞吞的，妈妈很不耐烦地大叫："还不快点，你要磨蹭到什么时候？"我收好书，马上关灯睡觉了。"哎哟，睡不着！"我踢开被子，眨巴着眼睛，趁着窗外透进的微弱光线盯着桌子上的那本《城南旧事》。心想：再看一下，不行，妈妈说了要睡觉！于是重新盖好被子躺好，脑瓜里浮现着书中描述的故事，可翻来覆去，怎么也睡不着。"不然，再看一页，再看一行也行。"于是一骨碌从被窝里爬起来，踮起脚跟，生怕发出响声，咽了一口口水，心虚极了，从桌子上拿着书，再从抽屉里摸出了一盏小台灯，在被窝中如饥似渴地看了起来。

"爸爸的花落了，我再也不是小孩子了……"我完全融入在书中那苦乐交加的童年生活中，仿佛我就是那个"英子"。"哗"，被子一下子被拉开，眼角的余光依稀感觉有一道黑影，于是定眼一看，原来是妈妈，我心里一惊，不管三七二十一了，胡乱把书往枕头底下一塞，装出一副熟睡的样子。可那努力的伪装终究没能逃过妈妈的火眼金睛，"唰"的一声，妈妈从枕头底下把书抽出来，如一阵风似的消失在我眼前。我坐在床头呆若木鸡，看着窗外惨白的月光，心里甚是凄凉。

第二天，刚吃过早餐，我趁妈妈外出就开始了大搜查——寻找我那心爱的《城南旧事》。我先锁定了第一个目标——客厅，我冲到那儿，翻箱倒柜地翻找，当将原先放好的东西翻了出来堆成小山时，才意识到：不好，赶紧放回原处，不然妈妈回来那就惨了。慌乱之际踩到了一个东西，"啪"的一声，摔得结结实实。"好疼！"原来是玻璃球，一边抱怨一边继续寻找：厨房？没有；鞋柜？没有……

　　我懊恼地坐在地上，浑身是灰尘，头发乱糟糟，像鸟窝，我好后悔。"早知道就不在被窝里看书了！"我的目光无意中瞟到了沙发上的一堆衣物。"对咯！"我一拍脑门，我怎么早没有想到呢？像弹簧似的从地上跳起来，直奔衣柜。"啊！我的书！"我赶忙把它抱入怀里，如获珍宝，真是"踏破铁鞋无觅处，得来全不费功夫"啊！不怕一万就怕万一，为了避免再次被妈妈发现，我找了一本"冒牌货"放到衣柜，抱着书心安理得地回到我的"窝"去了。

　　这下子，你应该明白了何为偷书了。书能让我享受到无穷的乐趣，我喜欢阅读。

不一样的"画"

苏 卿

中国的民间传统工艺，可谓是琳琅满目，灿若繁星，但在诸多手工艺中，我对糖画却是情有独钟。

初次见到糖画时，我就对它产生了巨大的好奇心，于是，我和小伙伴们决定一起去一探糖画的奥秘。这天，我们满心期待地坐在糖画艺人卖糖画的地方，等着他的到来，远远的，我看见了一位老爷爷推着一辆小推车，朝这边走来，便激动地喊："来了！来了！"接着，大家便向那位老爷爷涌去，围在他的身边。

吴爷爷把东西整理妥当后，就开始熬糖了。他先往石板上刷了薄薄的一层油，再往锅里倒入了适量的水和白砂糖，他缓缓地说："这可是个细心活，糖一定要是水的一半！"我似懂非懂地点点头，只见吴爷爷轻轻搅动着糖水，水温慢慢地升高，锅上冒出了一股热气，渐渐地，糖液的颜色变成了金黄色,吴爷爷见了,趁热把它倒在了石板上,等它渐渐冷却凝固成糖块了,就把它切碎,放入盘中。吴爷爷笑眯眯地说:"这糖块半个月都不会溶化呢!"他把一块糖片放入糖锅中,用勺子舀起一勺,开始在石板上作画。

他拿出小铲刀,放在桌上,一手拿着勺子,往石板上轻轻抹两下,就出现了苹果的下半部分,我不敢眨眼,生怕错过了精彩的瞬间。他的手飞快地舞动,似万龙过海,又似云翻雾绕,一翻、一扭、一顿、一提,不一会儿,就画出了一条条精美的花纹。那手法是如此熟练,令人叹为观止。等绘好图,小铲刀就派上了用场,往糖画上轻轻一压,再把竹签嵌上去,一个带着花纹的苹果就展现在我的眼前,让人迫不及待地想咬一口。我看得眼珠子都要掉下来了,糖画是那么的精湛,每个镂空的部分都不差分毫,一条条糖丝在阳光下闪闪发光。我奇怪地问:"吴爷爷,你不用看图,是怎么画出这么精美的图案的?"吴爷爷用那双布满老茧的双手摸了摸我的头,说:"这是因为画稿早就熟记在我的脑海里了呀!"我不禁对吴爷爷那炉火纯青的技艺肃然起敬。

吴爷爷又叹了口气,说:"现在干这行的人越来越少了,我真担心这门手艺会失传了。现在市面上有一种雕刻糖画的智能机器,这外貌是传承下来了,可这手艺——哎,不说了。"良久,我对吴爷爷说:"吴爷爷,你看,那些拿到糖画的小朋友多开心呀，虽然手艺没有传承下来，但是快乐依旧在呀！"吴爷爷听了，欣慰地笑了，大家也都开心地笑了起来。

糖画，是一件艺术品，是一门深奥的学问，我们要把它所带来的快乐、甜蜜传承下去！

这是你必须学会的

林雨静

家风是一盏灯,照亮我前方的路;家风是一条路,伴我走向光明;家风是一面镜子,时刻发现自己的缺点。

——题记

深冬,寒风呼啸,乌云密布。央求爸爸:"天气这么冷,您让我坐出租车去上作文课吧!"爸爸摇摇头,坚定地说:"不!天气是冷,但还不至于冻死人吧?去!坐公交车!"这时,我刚开口想争辩,爸爸就用那不容商量的眼神瞪了我一下,一声怒吼:"节俭!这是你必须学会的!"愤怒迅速战胜了我的理智,我不顾一切地对爸爸咆哮道:"你一点儿都不爱我!"随后,我走进房间,"嘭"的一声,把房门狠狠地关上。

夜，悄悄降临……淡紫色的风铃挂在窗前，风，吹过，轻轻地飘出天籁般清脆的声响。它充盈了整个房间。那一夜，很静，很静……

阳光洒在窗棂上，我起床准备洗漱。一开门看见的竟是爸爸！他的手还尴尬地停留在空中，显然是一个敲门的动作。爸爸用低沉沙哑的声音说："小雨，我们聊聊，好吗？"我原想拒绝，但看到爸爸那憔悴的脸庞，那布满血丝的眼睛，那张周围布满青色胡楂的嘴，我心软了。他一定彻夜无眠吧！

"小雨，你一定觉得爸爸很不可理喻吧？是的，爸爸的处理方法是有些极端了，但是小雨，你好好想想你真的没错吗？"

我低着头，沉默不语。

"小雨，能坐公交车为什么一定要坐出租车呢？这不仅是节俭，也是绿色出行。"

我微微抬起头，却依然沉默。

"小雨，你知道'一分钱，两滴汗'的道理吗？我们的家境并不殷实，我和你妈妈的收入也不丰厚，我们没有读过多少书，但是，我们都知道'节俭'和'环保'，这是我们家世代传承的家风啊！"爸爸激动地说着。

我脸红了，低头说："爸爸，我错了。"

爸爸露出了欣慰的笑容，他用那粗糙的手轻轻地抚摸着我的头，柔和地说："小雨，节俭，环保，这是你必须学会的！"

我认真坚定地点了点头……

如果说，家庭是农田，那么孩子就是农田中的一棵小苗，家风就是雨，只有雨的滋润，小苗才能健康成长，只有好的家风，孩子才会养成好的习惯，家风助我成长。

英语烦恼你快些跑

陈惜时

琅琅读书声使人心情愉悦，可现在这令人愉快的朗读声却成了压在我心头的一块巨石。因为，在我参加语训团上课的同时，班上正进行着能使我"闻风丧胆"的英语课。

天灰蒙蒙的，飘着细雨，落在有些湿漉的地面便没了踪迹。放学准备回家的同学们三五成群，谈笑风生，说的人神采奕奕，听的人兴致勃勃。而此时在我的心里却是电闪雷鸣狂风暴雨，夹携着冰雹与冻箭，将我脆弱的心伤得百孔千疮。面前的同学还在喋喋不休地给我转述英语作业，我一掌猛拍在桌面上，吼道："这么多让我这样英语学得乱七八糟的人怎么活！"

"天哪！我基本是废掉了，这全都不会啊！"皱着眉头，一脸忧伤趴在桌上叹气的我心中暗道：哎，十年寒窗无人问，怎一个愁字了得？繁重的英语作业自语训课一结束便砸了下来。背单词，背课文，做练习册……单词就是一大堆小蝌蚪似的字母拼在一起。论起字母，就单说一个"a"吧，它时而发这个音，时而发那个音，和不同的字母组合又发不同的音……其难度可想而知。还有背课文，光是背单词就要半个多小时了，背课文估计要一个多小时。我要是能静下心来学两个小时的英语，练习册还有什么难度呢？但我现在是连单词都不会读，怎么背？

英语课本一翻开，密密麻麻的英文就冲击着我的视觉，刹那间，只觉得天昏地暗，似乎五感都在以实际行动向我抗议。光盘听了一遍又一遍，我脑子里仍是一片混乱。前一秒还记忆深刻的单词后一秒便如张开双翅的鸟儿从我的脑子里飞走，飞得无影无踪。

窗外，不知何时已然停雨，夕阳的一抹余晖还洒在天际；天空用最后一点儿蓝诉说着白天留下的故事；树叶显出空前的新绿；淡淡白雾使远方的景物看不真切……一切都使我如一只被困的小兽，在一个名为"英语"的笼子里东奔西撞，却无路可逃。"哎。"无奈的我唯有仰天长叹，感慨不已。

谁言"少年不识愁滋味"？英语烦恼你快些跑！

为了学习我日渐消瘦，为了学习我夜不能寐。愿：我爱学习！学习爱我！

成长的快乐

黄娜娜

"童年的梦，七彩的梦；童年的歌，欢乐的歌；童年的脚印一串串，童年的故事一摞摞。"这首诗是否能让你想起美好的童年生活？在那五彩缤纷的岁月中，有一件事让我记忆犹新，它给我的成长增添了一道绚丽的色彩。

那天晚上，妈妈正在煮饭，发现酱油用完了，于是就叫我帮她买一瓶酱油。可是你们谁知道，买酱油的地方要经过一条漆黑的小巷，我最怕走夜路了，但母命难违，我只好无奈地按照妈妈的意思去帮她买一瓶酱油了。这是一个月黑风高的晚上，天色越来越暗，像一团漆黑的墨，伸手不见五指。刚一出门，一阵风吹来，我不禁打了个寒战。下了楼梯，望着前方的路，我的额头上冒着豆大的汗珠，妈妈以前总是用"拐卖儿童"来吓唬我，这次糟了，走在大街上，我真害怕自己身后突然冒出一个拐卖犯，可回头一看什么都没有。"呀,自己吓自己。"我自言自语地说道。此时,我似乎没有那么恐惧了,因为街上的道路像用灯光铺成的,明亮、舒服。"走夜路也没有那么可怕嘛!"这是我看到明亮的大街上发出的感慨。一排排的路灯消除了我之前紧张、不安的心情。

走了一会儿,来到了小巷与大街的交界处,往前一步,就是黑不溜秋的小巷;原地不动,就有了路灯的"庇护",此时我感觉路灯是那么"神圣",但酱油还是要买的,我只好咬咬牙迈开了第一步,每一步都那么沉重,总感觉背后凉飕飕的,好像随时会有僵尸跳出来似的。这时,一团白影从我面前一闪而过,我揉揉眼睛,以为看错了,但是白影却再次出现在我眼前,我随手拿起一根棍子,蹑手蹑脚地跟了过去,定睛一看,原来是一只白色的猫,真是虚惊一场啊!

突然,传来了"吱吱吱"的声音,我的心立刻缩成了一团,心中像揣了个小兔子——上蹿下跳,又如十五个吊桶打水——七上八下,双手一直抖个不停。我又隐隐约约地听到了身后略微的脚步声,若有若无,想回头看看,刚要回头,脖子就僵住了,心想:如果回头看,身后是一个张牙舞爪的女鬼怎么办?脑子里全是各种恐怖片和恐怖小说血淋淋的画面,我发誓,要是我能"活"着回去,我再也不看恐怖片和恐怖小说了。这时,前方一团燃烧的火苗让我精神起来。"这是什么东西?我是不是出现幻觉了？这难道是传说中的——鬼火？"我忐忑不安地想。真是前有"狼"后有"虎"呀，我进退两难，脚上像粘了强力胶，动弹不得，更不知道该怎么办。这时，身后的"女鬼"走到了我旁边，我回过神来，愣了愣，发现面前的这位"女鬼"竟是邻居的王阿姨，又看了看前方的"鬼火"。等鬼火"走"出小巷，直到有灯光时，我才看清了那个"鬼火"只是一个人拿着打火机而已，这会儿，我会心地笑了，为当时自己的行为感到可笑。

这次走夜路让我明白了一个道理：害怕危险的心理比危险本身还要可怕一万倍，世上根本就没有鬼，只要你克服心里的恐惧，就不会惧怕危险、困难了。

童年是一首纯真的诗，是一支快乐的歌，是一幅永不褪色的画。这次走夜路，让我明白了这样一个深刻的道理，给我带来了快乐，它是我成长中一个不可缺少的记忆。

努力的麦穗

经验亦是财富

林雨静

只有经历过地狱般的磨炼,才能有征服天堂的力量;只有流过血的手指,才能弹出世间绝唱。

——题记

我羡慕军人的英姿飒爽,羡慕军人的英勇顽强,羡慕军人的勇往直前。军人,在我心中永远都是英雄的代名词。

三天的军训,梦寐以求的这一天终于来了。

军训生活的艰苦是我所未曾料到的。一天中大部分时间都在训练。操场上似乎也永远只有嘹亮的口号,整齐的步伐和挥洒的汗水。一次又一次的重复演练,一次又一次的跌倒与爬起,让我们充分感受到了"十年磨一剑"的辛酸，然而，我们不会抱怨，更不会放弃。在锻炼中，我们认识了很多，从而走向坚强。

　　军训开始了，教官首先叫我们站军姿十分钟。十分钟，好像不长吧！可现在，烈日当头，十分钟在我们眼里简直是漫长的冬季。炎热的太阳，火辣辣地炙烤着大地，脚后跟并拢，双脚成60度，挺胸收腹，双眼平视前方，大家都像电线杆似的直挺挺地耸在地上。汗水像一泻千里的洪水，从每一个毛孔喷涌出来。时间一分一秒地过去了，我真希望时间走得快一点儿，或者下一点儿雨刮些凉风，但这些都是幻想，有时我实在忍不住想动了，就会在心里默默地念："坚持就是胜利……"咸咸的汗水流进嘴里，下意识地舔舔，竟分不清是苦还是咸？时间一长，脚底发麻，脚抽筋，腰板痛，头冒汗。教官一句"解散"，大家顿时兴高采烈，此时才发现世界最美的语句是"解散"。经过一天的训练，累到坐下来就不想站起来。尽管如此，我们仍激动万分，因为我们以坚强的意志坚持了下去，我们有信心，我们能以顽强的意志坚持到最后。

　　三天的军训生活结束了。我早已疲惫不堪。刚学立正时，我就疑惑了：为什么体育课中经常做的动作，早已会的动作，教官为什么要如此仔细地讲解，为什么一个左转，一个右转我们要如此煞费苦心地练习。三天的军训让我明白了：站军姿，是为体现华夏儿女不屈不挠的精神，体现了龙的传人的毅力；练转身，体现了人类敏捷的思维。我相信，军训生活，使我终身受益。

军训结束了，我知道那不是解脱，而是不舍……军训结束了，而过程的点滴却成了永恒的记忆，我将会把这些珍藏，因为它们是我人生中的财富。

初见陈老师

陈晓汐

暑假一过,便迎来了我的六年级的学习生涯。一周里见的老师可真不少,我却对一个印象极深——书法老师陈瑞清。

陈老师不仅教我们书法,还教我们美术。而我对老师印象极深的原因既不是因为他课多,也不是因为他上课有趣,而是因为他的外表——老师身材适中,发型是"中间一片溜冰场,四周都是铁栏杆",眼睛始终睁得浑圆,嘴角略向下垂。讲话时肢体语言异常丰富,讲到关键处,眼睛就亮得像发光。他看同学时喜欢抄着双臂,斜抬下巴,转着眼珠看,这个动作极富喜感,直逗得同学们哈哈大笑。

陈老师常喜欢给我们抛出"重磅炸弹"。他问我们:"你们去年的书法老师是谁啊?""郑老师!""哦——",

他若有所思地点点头,"她是我学生。"班级里一下沸腾了。老师又问:"那你们去年的美术老师是谁啊?""薛老师,是个男老师。"同学抢答。"哦——他也是我学生。"只见老师又抄起手,眼珠一转,扬起下巴,一脸得意高傲的表情,再次逗得同学笑翻了天。

　　这是一节浸在笑声里的书法课!

打　开

陈锦权

每个孩子都相信童话，都幻想着自己有一天可以去到童话世界。

每个孩子都相信幻想，渴望自己拥有神奇的魔法，能把自己的童年打扮得无比美丽。

"池塘边的榕树上，知了在声声地叫着夏天；操场边的秋千上，只有那蝴蝶停在上面……"趴在窗台上发呆的我，突然被这一曲清脆的童声带回到了从前，它打开了我那童年的记忆。

满天的纸飞机——童年的梦想

纸飞机，承载着我们对天空无限的遐想和向往。我们总是狠心地撕下书的一页，用自己灵巧的手把它变成一个带着我们梦想的纸飞机。班级、操场，总是纸飞机的天下。也许，它会落地，但在它起飞的小小瞬间却承载了我们最大的期望，我们期望它飞得最高最远，飞的时间越来越长。别说，这漫天的纸精灵陪伴了我们美好的童年时光，只可惜，这样的生活很难再继续了。

受伤的文具——童年的快乐

还记得那些身负重伤的文具吗？我们很天真，我们很快乐，我们总是用一些奇奇怪怪的想法来解除上课时的乏味。用圆规在桌子上画一个太极，用改正液或圆珠笔给它上色；用小刀把即将受刑的橡皮擦切成好多小块，然后用纸条把它们包起来，等待下课的橡皮大战；用各种形状的尺子搭建成一座座堡垒，或是一座桥或是其他天真的建筑物……尽管文具受了重伤，尽管我们会被老师责罚，但这不正是童年快乐的象征吗？

有趣的恶作剧——童年的淘气

童年总是调皮的，童年我们会做许多的恶作剧。我们会在吹完泡泡糖后，把糖果纸包回原来四四方方的形状来让别人吃；我们会在喝水时用吸管往水里吹气，然后看一个个气泡冒起又落下；我们会用镜子来反射太阳光，照在教室里，照在同学们愉悦的脸上，也许还会照在老师正在使用的黑板上；我们或许还会做我们认为更有趣的恶作剧，在同桌准备坐下时，把板凳向后一抽，看着同桌坐在地上那一脸痛苦的表情，我们的心里别提有多开心了。

无厘头的想法——童年的天真

童年的我们是多么单纯天真。我们以为，只有中国和外国这两个国家；我们以为，吞下泡泡糖就会死掉；我们以为，世上真的会有鬼。我们一直弄不明白自己是从妈妈的肚脐眼钻出来的，还是从妈妈的腋窝跑出来的，反正此事与爸爸无关；我们一直弄不明白老师们为什么不带我们去春游、去烧烤、去玩耍……我们的想法多么无厘头、多么没头脑。打开童年的回忆：我们勇敢，我们大胆，我们调皮，我们快乐！

别了，我的童年，但我依然渴望自己能保持一颗童年的心，依然渴望自己能打开未来生活的奥秘。

给"老王"的一封信

陈晓汐

敬爱的王老师：

您好！

时光的车马来不及停驻，轻轻跃起从指缝间溜走。怀揣浓浓的不舍，我不安却又欣喜地走向毕业。每每一回头，总是您无声地立在我的背后。那时的感觉正如一束温暖的阳光照射进来，刹那间驱逐了所有的黑暗；又如一块被污浊厚重灰尘覆盖的玻璃，被一双强而有力的手擦洗得明而透亮！

两年时光，您陪我们走过。我们见证了您的幽默，您的严肃；见证了您的喜悦，您的愤怒；见证了您的固执，您的豪爽……您的各方各面，您的千言万语，我们见识在眼，聆听在耳，铭记在心！

而最令我印象深刻的，是件不大不小的事。犹记"海都杯"数学竞赛初赛成绩刚公布——我获得一等奖！我欣喜若狂地回了家。谁知，爸爸认为"海都杯"竞赛没有什么意义，不同意我参加复赛。因而，那时我感到无尽的失落与惋惜，所有的欣喜与努力都化为了泡沫，使得整个下午都闷闷不乐。

是您发现了我的反常，皱着眉头，上身朝我微倾，询问："怎么了？"我心头正苦闷着，一股脑把苦水全倾泻了出来：

"'海都杯'复赛我不能参加了，我爸爸说没啥意义……"

您耐心听完，挺直了腰轻松笑道："哦，那没什么。'海都杯'是有兴趣的人去尝试一下、见识一下而已，本来也不会有什么大差别。你既然已经参加过了，不去也没什么损失。"

听完了您的笑语，我心中的阴霾仿佛突然被暖阳射穿，敞亮了许多，不再闷闷不乐了。

在前进的路上，您带我们披荆斩棘；您教我们翻山越岭；您陪我们摔倒后爬起……三班永远不会散！老王永远是发着智慧之光的老王！

祝老王身体健康，万事如意！

陈晓汐

2017年5月24日

尝　试

薛婷丰

　　大胆的尝试，让人磨炼胆量；有趣的尝试，让人欣喜若狂；失败的尝试，让人受益匪浅；而那次尝试，我至今还记忆犹新。

　　那是一个周六的下午，我待在家里做了一个小时的作业之后，便走进厨房，看看有什么好吃的水果。只见冰箱里有一些火龙果、芒果、猕猴桃、苹果，这时一个念头在我的脑海里一闪而过，要不我尝试着做一个水果拼盘吧？说干就干，我把手洗干净后，找出一把水果刀，拿出火龙果、芒果、猕猴桃和苹果各一个，还有几根牙签。

　　开始了。首先，我拿起火龙果用水果刀将它一分为二，再切成一片片小小的半圆形，将它们放入碗中。又拿起猕猴桃，沿着短的一边切了下去，打算用它的一半做成一朵花。于是，我用小刀在猕猴桃的边缘切下一个个V字形的小块，可切好之后不是这一块太大，就是那一块太小，很不协调，我便给它做了个修改，将小的地方扩大，经过了一番努力，这个用半个猕猴桃做的小花才勉强完成。

我将它放在一旁，便开始做最难的一个部分——用切片的芒果做成花，这朵花的难度系数可比刚才那一朵大。我拿起一个芒果，沿着它的侧面用水果刀小心翼翼地横着切过去，这就变成了两半，我又将其中一半的核去掉，从它的肚子里切下去，切成了一片片薄薄的半圆形，准备工作完成之后便开始做花了。我先挑了一个最小的半圆形围成一个圈，用一根牙签插上去固定形状，接着拿起一片半圆形芒果穿过牙签，在圆的旁边围上。当围到两圈时，我感觉它有点儿不稳，又拿起一根牙签，插成一个十字架的形状，接着围。在这个过程中，有好几次芒果围上去时，被牙签刺出一个大洞，因此，我十分小心，经过了长达二十分钟的努力，我才将这朵花勉强完成。我又拿起芒果的另一半，用小刀将它刮成网状，放在一旁。然后我拿起一个苹果，从它身上我用小刀分别切下了一个大、中、小的直角，又在每个直角里切下一个小直角，就OK了。

最后一步——拼。我拿出一个圆盘，先用火龙果在圆盘的周围竖着围了一圈，接着拿起两朵小花一上一下并排放在一个角落，然后将网状的芒果放在两朵花的旁边，最后把三块切好形的苹果按大中小的顺序放在花朵和网状芒果的旁边，一切就大功告成了。看着眼前自己做的"艺术品"，我开心得一蹦三尺高。

通过这次做水果拼盘的尝试，我感受到了成功的喜悦，它将永远珍藏于我的记忆之中，成为最珍贵的回忆。

城市美容师

薛婷丰

因为他的辛勤,城市更加美丽;因为他的汗水,城市更加整洁;因为他的劳作,城市更加干净。他,就是我们身边最美的人——城市美容师"清洁工"。

"沙沙沙",每天早晨五六点钟,当别人还在熟睡时,清洁工就开始工作了。他手握扫帚,身穿制服,在马路旁,街道上,辛勤地劳作着。就这样,每天起早贪黑,日复一日,年复一年地工作着。

"春　天"

春天虽然是个春暖花开的季节,但一开始也经常下雨,每逢春天,总免不了下几场绵绵的春雨。在这样的雨天里,到处湿漉漉,但总有一个身影在马路边来回走动,他就是清洁工。此时，他一丝不苟地工作着，不放过任何微小的垃圾，扫完这条街道，再清扫那条路，就这样在清洁工的努力下，湿漉漉的街道变得一尘不染！

"夏　　天"

夏天的太阳像一个特大号的火球，发出炽热的阳光曝晒着大地，公路被烈日烤得发烫，脚似乎踏下一步，就可以冒出一串白烟，这时候人们都躲在空调房里，吹着凉爽的空调，吃着清爽的夏日冰品，早把室外的炎热忘得一干二净。可清洁工出现了，他戴着一顶太阳帽，在烈日下，认真地工作着。他不停地挥舞着手中的扫帚，不知不觉中，清洁工的额头上已冒出了一颗颗豆大的汗珠。渐渐地，汗珠们滑落脸颊，滴到了地上，清洁工的衣服也被水浸透了，但这丝毫也影响不了他的工作。他始终没有叫过一声苦一声累，而是任劳任怨。

"秋　　天"

在金桂飘香、硕果累累的秋天里，大地穿上了金色的衣裳，大树上的叶子枯黄了，全都飘落在了地上，铺成一条条金色的小道。每到这时，清洁工总会拿着扫帚和畚斗清扫着路面上的落叶，这一块扫完了，再扫另一块。就这样，时间一分一秒地流逝了，转眼间，清洁工已将满地落叶打扫得一尘不染。接着清洁工又将那些小纸张、包装袋清理掉，为人们留下了一个美丽卫生的生活环境。但是清洁工从来没有向他人炫耀自己的成果，而是默默无闻地奉献着。

"冬　天"

冬天天气寒冷，寒风凛冽，北风呼呼地刮着，人们的脸冻得通红，像针划过脸颊一样疼。因此，人们都将自己包得紧紧的，或待在家里。而清洁工还在清扫着道路，好不容易将垃圾倒进畚斗里，可天有不测风云，一阵风刮过，畚斗里的塑料袋随风舞动。清洁工见了，连忙跑过去追，过了一会儿，才将塑料袋重新装到畚斗，再倒进垃圾筒，经过清洁工的努力，城市变得更加美丽了。

一年四季，天天如此，正是因为清洁工的不懈努力，我们生活的城市才会如此美丽，因此，清洁工是我们身边最美的人。

读《西游记》有感

纷 纷

高尔基说过"书是人类进步的阶梯"。从小到大我读过的书数不胜数,有《兔王点点》《三国演义》《西游记》《鲁滨逊漂流记》,其中最使我受益匪浅的便是四大名著中的《西游记》了。

《西游记》这本书主要讲述了唐僧、孙悟空、猪八戒、沙僧这师徒四人经过九九八十一难,最终取得真经的故事。

唐僧师徒四人之所以能历经九九八十一难,最终取得真经,是因为他们四人团结一致。在取经途中,身为大师兄的孙悟空,一路上降妖除魔,为最终取得真经,立下了汗马功劳。但是在水下作战时还是少不了沙僧的帮助,而身为二师兄的猪八戒凭借自己的力大无穷,成了孙悟空的左右手,与悟空一起打妖怪。在这本书中,还有一位主人公：唐僧，他虽然不识妖魔，也不会武功，但是他心地善良，感化了许多神仙，在取经的路上对他们有了很大的帮助，他们这种团结协作的精神令我敬佩。

其实，古今中外有很多关于团结一致的故事，例如蚂蚁自救的故事。在一片大草原上有一条小河，一天，这条小河边发生了一场火灾，这火灾来势汹汹，把河边的一大群蚂蚁团团围住，人们都以为这群蚂蚁一定会在这场火灾中失去生命。可令人意想不到的事情发生了。蚂蚁们迅速围成了一个球，向小河的方向滚去，伴随着清脆的"啪啪"声，在最外层的蚂蚁都被烧焦，但球体滚动的速度丝毫没有减退。终于它们冲出了火海，重获新生。蚂蚁们这种团结一致的精神不就和《西游记》中的师徒四人一样的吗！

在现实生活中，也有许多人与朋友做某事时能做到团结一致，就比如说我和我的同学们吧，在一次体育课上，老师带领我们举行了一场拔河比赛，在比赛的过程中，我们第四组的同学，双手紧握，甚至身体向后倾斜，一左一右地站着，只听老师的一声哨响，同学们奋力地往后拔。"一，二，一，二，"同学们有秩序地拉着，一旁的啦啦队员也在为我们呐喊助威，使同学们有了很大的信心。因为拔河的同学们的力量集中在一块，再加上拉拉队员的加油，我们第四组在这场拔河比赛中获得了第二名，这可离不开同学们的团结协作呀！

但是并不是所有的人都能够与别人做到团结协作,就比如说我的弟弟和他的同学们班。有一次他们的老师在体育课上,想让他们做一个游戏,名叫二人绑脚跑,一轮有四组,比赛哪一个组最先到达终点。比赛前,弟弟和他的一位同学都想第一个到达,便试着练了几次。比赛了,他们俩前几步跑得还行,可过了一会儿,就只顾自己,乱了节奏结果摔倒了很多次,还互相指责是对方的不好。最终他们得了最后一名。我总结了他们失败的原因就是没有做到团结协作,对比唐僧师徒四人,故事中的蚂蚁,弟弟真应该感到惭愧。

由此看来,与别人合作一定要有团结协作的精神,这样才会事半功倍。

发生在大街上的事

郑镖漂

一天早晨，细雨蒙蒙，寒气袭人。大街上，一个小女孩儿骑着自行车上学，就在拐角处，她突然被一辆摩托车撞倒在地。摩托车上的男青年看了看小姑娘正准备加大油门夺路而去，就在这时一个气度非凡的中年男子挺身而出，挡在这辆摩托车的面前，迫使这辆摩托车无奈地停了下来。

过了一会儿，人们陆陆续续都围了过去。就在我准备去上学的路上，看到了这一堆人围在那边，心想：这是发生了什么？怎么那么多人围着，是不是有什么好玩的东西？这使我左右为难，到底去上学呢，还是去凑热闹？我心里痒痒的，最终还是决定去看个究竟，反正还有时间呢！我缩小身躯拼命地挤了进去。眼前的这一幕这使我目瞪口呆，我瞪大了双眼望着那个小女孩儿。她的脸色苍白，嘴唇发白，双手紧紧抱着左脚，脸上有着不可言喻的痛苦表情。左脚上血流不止，女孩儿那娇小的身躯躺在了血泊之中。自行车也不知飞到了几米外，书包不知飞向哪儿了，倒是书包里的书散了一地，自行车的方向盘旋转了180度，车链掉了，轮胎也爆胎了。

许多人都在议论纷纷。有的人说："这个人怎么这样。""你看那小女孩儿多么可怜。"有的人看女孩儿脸色苍白，买了杯水给女孩儿，有的人拿着纸巾给小女孩儿擦去那血，虽然知道这并没有什么用，却总有那善心的人，有的人赶紧拿起手机拨打120，有的人拨打110。那个男青年哑口无言，听了人们的议论，心中不禁惭愧起来。懊悔，像小虫子一点一点咬着他的心，使他全身都不自在，立刻跑过去扶了小女孩儿一把。

我们站在那里看着等待着120的到来，这让我感到时间过得好慢好慢，心里非常紧张，紧张得心都快跳出来了。终于盼到了120的到来，看着小女孩儿被抬上救护车，我心里的石头终于放下来了。

"只要人人都献出一点爱，世界将变成美好的人间"，这歌声从大家的心窝飞出。是啊，要是每个人都遵守规则，都献出一份爱心，那世界将多么美好。

感恩妈妈

纷　纷

翻开日历，今天是3月8日，是妇女节，也是妈妈的节日。我决心给妈妈一个惊喜，让妈妈度过一个快乐的节日。

送给妈妈什么好呢，一束花，不，太庸俗，一个吻，我已经五年级了，太幼稚了，这该怎么办呢？我绞尽脑汁，苦思冥想起来，对了，就帮妈妈洗一次碗吧。

说干就干，吃完午饭，我就对妈妈说："今天中午我来收拾桌子、洗碗，你们就去休息吧！"说完，我就把妈妈推出门外。转过身一看，啊！这情景真是不看不知道，一看吓一跳：桌子上，到处都是吃剩的菜渣、鱼刺、肉骨头，就连地上也掉满饭粒，简直惨不忍睹！我先把桌子上的碗，全部放进了水槽里，再把肉骨头、鱼刺扫进垃圾桶，又把地上的饭粒扫干净。之后，我就开始洗碗了。

我先把水槽里装满水，再滴上几滴洗洁精，拿起抹布洗了起来。我先拿一个比较干净的碗，心想：我是个新手，就先从简单的入手吧。我把抹布的一半放在碗的里面，一半放在外面，大拇指放在外面，转着圈子洗，不一会儿这碗就洗干净了，我心想：洗碗竟然这么简单。开始洗第二个碗了。我还是按洗第一个碗的步骤来洗，这个碗好像要和我作对似的，无论我怎么洗，粘在上面的油也洗不干净。我心烦意乱，而水冲过的碗就像一条滑溜溜的"泥鳅"从我的手中滑下，掉进水里，溅起了一个巨大的水花，把我的衣服都弄湿了。妈妈听到声音，担心地说："婷丰，没有事吧？"我急急忙忙地回了一声："没事儿。"说完，我又接着洗，可这个碗好像诚心和我作对一样，一洗就挣脱出我的手，我抓不牢，碗从我的手中掉到地上，只听"啪"的一声，碗炸开了花，摔了个半身残疾。妈妈听到声音后，马上冲了进来，看见我一副不知所措的样子，就帮我把地上碗的碎片收拾到了垃圾桶里，然后告诉我，如果油太多，洗不干净，就要在抹布上挤点洗洁精。妈妈边说边示范，她左手拿碗，右手边转边用力搓，不一会儿，一个油非常多的碗，经过妈妈的手，就变得亮晶晶的了。我按照妈妈的步骤在抹布上挤几滴洗洁精，认认真真地洗了起来。我先洗里面再洗外面，等所有的碗都洗完后，我用水把粘在碗里的洗洁精冲干净，再把水槽里的脏水倒掉，然后按从大到小的顺序把碗整齐地放在碗柜里。最后用抹布把水槽四周的水擦干净，这样，一切就大功告成了！

平时看妈妈洗碗，好容易。今天自己试了一次才发现洗碗还真不简单，除了辛苦，其中包含着很多学问。以后我一定尽量少玩点，多帮妈妈做点家务，减轻妈妈的负担。

行动吧,为梦想去努力

——《努力到自己无能为力,拼搏到感动自己》读后感

杨 昕

戴尔·卡耐基曾经说过:"每个人都应该根据自己的环境、条件、素质、兴趣等,确定实现梦想的方向,努力根据自己的特点来设计自己。"梦想的力量是强大的,当它点燃自己的动力,爆发出惊人的能量,让自己不知疲倦地向目标行进时,你有没有想过——做一个拥有梦想的人并不难,难的是要用坚持不懈的毅力和持之以恒的精神去拼搏,让梦想成为现实!

我百感交集地看完了这本书:这本书是任现红写的,那通俗易懂、回味无穷而又道理深刻的故事使人读后回肠荡气,满口余香,它完全就是本优秀的名人传记、科普、工具书的结合体。

令我感触最深的是那段美国最伟大的总统之一林肯的故事。故事一开始，就透着一股悲伤的气息，全文都是由时间词串联的。1832年，林肯失业了；当选州议员，失败了；自己开办企业，倒闭了；十七年里为了原企业倒闭的债四处奔波；随后，再次参加竞选州议员，成功了；1835年，订婚了；结婚的几个月前，未婚妻不幸去世了；1836年，得了神经衰弱症；1838年，林肯觉得身体良好；1843年，他又竞选美国国会议员，没有成功……全文一共用了十六个时间顺序词，也就是说林肯从失业到成为美国总统的二十八年中经历了近十六次的磨难！这仅仅是为了他的梦想：成为政治家。如果你的生活中失败，一次次地碰壁，你还会坚持让你心中梦想的种子继续"生长"吗？而林肯并没有因此放弃，而一直坚持自己的追求，做自己生活的主宰！

看了这个故事，我想起了生活中的自己。每天因一些小事而生气、哭泣、放弃，这样的我怎么可能有成就？如果林肯放弃了，他怎么会成为美国历史上最有作为的总统之一？历史上又怎么会添上华丽的一笔？面对那些成功人士，我们应该好好反省自己。每次的失败、磨难、考验、流泪、伤痛和打击，都是为成功埋下的伏笔，都是生命中宝贵的财富，都是一份重要的收获，都是成长的支柱和后盾……在为了梦想去奋斗的途中，必定会有一些挫折和坎坷，而为了自己的梦想和未来的成功，经历些风雨又算得了什么呢？

梦想是牵动人们走向成功殿堂的"传送带"，这本书使我明白了：努力要有方向，拼搏要有方法，做任何事都要"努力到自己无能为力，拼搏到感动自己"，如果你付出了，就一定会赢，相信你一定会在更好的明天看到绚丽的彩虹。

这本书不同于一般的心灵鸡汤，它是让你的人生有规划的金钥匙，是让你更有拼搏动力的发动机。

荷　花

苏垚柯

荷花池里，荷香四溢，一股沁人心脾的清香在空气里回荡，只见荷池里，荷花绽放。

五月到九月，是荷花盛开之时。在灿烂的艳阳下，荷花的花瓣粉红粉红的，但似乎又有种无瑕的洁白。它显得是那么玉洁冰清，又似乎有点儿淡雅。总之只凭几个优美的词句也无法概括出荷花的美丽。

荷花开花有早有迟，在一片荷池里，它们显得是那么千姿百态：几朵含苞待放，粉嫩的花苞惹人喜爱；有的刚刚绽放，清香四溢，引来蝴蝶翩翩起舞，那里面的花蕊淡黄淡黄的，花茎上缀满小刺，犹如一把把利剑，敌人来临时，只要一碰到小刺，就会疼痛不已。它们顶着烈日，傲然绽放。

荷花的必不可少的伴侣——荷叶，它们绿油油的，像抹了蜡似的,有的静卧于水中,与鱼儿谈笑风生,有的高高在上,仿佛是荷花的保镖。它为荷花遮挡阳光,遮风挡雨,不管阳光多么强烈,不管风雨多么狂暴,它依然守卫着荷花。荷叶上时而滚动着几滴小露珠,时而有几只蹦跳着的小青蛙。正因为有了荷叶,荷花才显得美丽动人、格外高雅、格外清丽了。

荷花不仅美丽,而且全身是宝。它那粉红的花瓣供人欣赏,碧绿的荷叶可用来包饭,如果用来包粽子便会清香四溢。随它一同生长的莲蓬,它的莲子既是新生命的种子,又是人们的美味佳肴。有的荷花还会长出美味的莲藕呢!

如此地高雅艳丽,又能给予人许多的好处,我爱上了荷花!

努力的麦穗

苏垚柯

六年的小学生活如白驹过隙,我们像在一片金黄的稻田里行走,在寻找最大的一颗麦穗,在这里,我收获了努力的麦穗。

三月的时候,老师让班上几个字写得好的同学写一张字,然后贴在班上。那天下午,我写完了一副对联,然后被老师贴在了一个显眼的地方。直到不久前,我才发现它的问题:那一个个笔画怎么都那么粗啊!感觉好难看!字帖里面的粗细变化我都没做到,还是班长的好看呢!

从发现那张"丑字"以后,我就下定决心,一定要努力,再努力,一定要练好书法啊!

上个月月底,班长找到我:"垚柯,你六一表演书法吧。"

"嗯,好啊!"

说干就干，从那天开始，我开始练习"文思泉涌"，我先写完了一张，拿来字帖，天啊，天壤之别啊。老毛病，又是粗细变化的问题，嗯，还有"文"字的捺的起笔应该是在横的开头的下面，怎么"跑"到点的下面来了？还有"思"字，上部分"田"中间的"十"要写细。哦，对了，"泉"字上小下大……不一会儿，在几个普通的字上，我发现了许多"漏洞"。

接着，我继续练习落款，我看看纸，经过深思熟虑，嗯，那就在"思"和"泉"的中间吧。"嗯，感觉还行。"

从那天晚上开始，我进入了奋斗模式。一定要把这幅字练好，一定要练到炉火纯青的地步啊！

时间一晃，几个晚上过去了。六一那天下午，我走在上学的路上。"等一下写字时不要紧张啊，还有要看好位置，别写错了啊。"我自言自语道。

"现在请苏垚柯同学表演书法。"

在教室中央的桌子上，表演开始了。我先点下一点，再屏住呼吸，一横便拉了过去，接着，一撇一捺，耳边缭绕着优美的乐曲，几分钟过去了，看了看我的字。

"嗯……至少比那张好看多了。"大家伸过头来，看着我的字，台下一阵掌声……

是呀，想要成功，便要付出努力，一分耕耘一分收获，即将走到小学这片麦田的尽头，我收获了努力的麦穗。

脐橙的自述

骆 驼

大家好，我的名字叫脐橙，我生长在福安岳秀，是福安有名的特产，如果你不认识我的话，那就赶快听听我的自述吧。

春雨绵绵，滋润着大地，也同时滋润着脐橙树，脐橙树妈妈在春雨的滋润下，贪婪地吮吸着，绿叶哥哥变得更绿了。这时，花姐姐钻出了她那可爱的花骨朵儿，等待着开放的时节。不知不觉中，到了三月份，花姐姐们竞相开放，一朵朵雪白的，手背一般大小的花将脐橙妈妈装点得格外美丽，花姐姐又在绿叶哥哥的衬托下，显得更加白了。此时，你只要走到花姐姐前面，用鼻子闻一闻花姐姐的香气，你会感到神清气爽。到了五月，花姐姐由于想外出游玩，便离开了脐橙树妈妈的怀抱。我见此情景，便马上接替了花姐姐的位置。刚开始时，我的身体很小，大约只有一颗铁珠般的大小,颜色不好看,但这只是暂时的,我的生长速度可是很快了,不信的话,你就看着吧。过了一个月,我慢慢地变大了,体形已经从原来的弹球变成了拳头般大,我的颜色也随体形的大小而改变,这回你可相信我之前的话了吧。我和我的兄弟姐妹都在果园中快速成长,我的表弟也逐渐由青转向黄,一个个都是橙绿相间,令人们垂涎欲滴。快到了成熟收获的季节,我和兄弟姐妹们都长得好大了,与大人的拳头差不多大小,颜色也慢慢地转变成橙红色的了。终于到了果实成熟的季节,我等待着果农来采摘呢!过了一会儿,他们都来了,他们每个人手拿着一个个篮子,准备采摘我们,我和兄弟姐妹们都被果农们放到篮子里。有些果农,见到我们,口水都流出来了,他们有的立即拿起一把水果刀,把我们一分为二,二分为四。此时我们的果肉显现出橙色,果肉柔软多汁,有一种淡淡的清香,还十分地甜,连果农们吃了都连连称赞道:"好甜!"

  听人们说,我们脐橙营养十分丰富。我们的体内含有丰富的维生素C、胡萝卜素可以增强抵抗力,增加毛细血管的弹性。我们体内的维生素和果胶物质,可促进肠道蠕动,有利于清肠通便,排除体内的有害物质。就连我们的皮都是治疗感冒咳嗽、食欲不振、胸腹胀痛的良药。以上我说的只是我们脐橙营养价值的一小部分。其他的我不方便一一说明了。

听了我的自述，你们一定对我有了许多的了解吧，只要想品尝我的人，就快点来我的家乡福安岳秀吧，我保证你们一定会品尝到地地道道的岳秀脐橙。

我战胜了恐惧

骆　驼

今天是大年初一，家家户户都会去游玩，而我也不例外。下午，爸爸妈妈将带我和婆婆一起去苏家山的玻璃栈道游玩。

小车大约行了一个半小时，才到达苏家山，我向外一看，可谓是人山人海呀！小车从终点一直排下来，都到大门口了，由于人太多了，车无法行驶，只好步行上去。我询问了爸爸，这儿离玻璃栈道那儿还有多长呀？爸爸告诉我，足足有一千米。我听后吓了一跳，对于我这个体力差到极点的人，走到栈道那儿，我的腿估计要废了，可没办法只好前行了。

经过好久的步行终于到了玻璃栈道。我们四人穿上鞋套就在上面走了。前面的一段都是木板，我暂时没什么害怕，当我走到有玻璃的那段路前面时，往下一看，天呀！

好高呀！我的脚瞬间软了，走不动路，定在那里。这对于我有恐高的人是一个多么大的考验呀！我站了好一会儿了都不敢走，爸爸见了走过来，将我拉了过去。我吓了一跳，爆发出我的海豚音的同时还说道："不要拉我，不要拉我！"我还将手到处乱甩，持续了好一会儿才停下来。爸爸见我停下来了，便迅雷不及掩耳之势将我拉了过去站在玻璃栈道上，我尖叫了一声，再看看脚下，好恐怖呀！我立马抬起头不往下看，这时爸爸又拉我走了几步，我双手紧紧地抱着爸爸的手臂，每一步走得十分艰难，我的全身都在抖动，走了好久，才前进一点点。我一直感觉这个玻璃栈道会晃，不安全。爸爸好像看穿了我的心思，让我走在直线上，这样会很安全。我听了连忙站在直线上，爸爸又告诉我，眼睛要往前看，不要看下面就可以了。我按爸爸的方式走了几步，虽然这几步没那么可怕，但是心中还是有恐惧的。这时爸爸突然放手了，我由于身体没有爸爸的支撑，又十分害怕，眼睛闭起来，双手又到处乱甩，只听"啪"的一声，我睁开眼睛，发现爸爸就站在我前面，盯着我看，我才明白刚才打到了爸爸，心想：坏了，爸爸一定会生气，自己走了，不理我了。好在过了一会儿，爸爸又扶着我走了。在走的过程中，我看到了几个比我还小的小朋友在上面跑来跑去，一点儿也不害怕，我心想：既然比我小的小朋友胆子都比我大，我的胆子是不是太小了，不行，我一定要克服恐惧。于是，我便认真地按爸爸的方法走了起来呀，脚下的栈道似乎没有那么晃了，我也敢走了，头也敢往下看了。

于是我隔着透明的玻璃，小心翼翼地往下望去，玻璃下面是一张巨大的绘卷，绘卷上画着蜘蛛、蝎子、青蛙等，我问爸爸："为什么要画这些？"爸爸告诉我，这是五毒，各个都含有剧毒，爸爸告诫我看到这些东西要离得远些……听着爸爸的介绍，我渐渐忘却了恐惧，沉浸在漫步空中的快乐之中，沉浸在玻璃栈道这奇特的美景之中了。

时间不知不觉过去，该回家了。我们一家人恋恋不舍地回家了。今年的春节是我这十二年来最开心的一次，因为我在爸爸的帮助下克服了恐惧，战胜了玻璃栈道。

和蚊子较量

制作彩蛋

婷 婷

今天，在劳动课上，老师给我们布置了一项特别的作业：制作彩蛋。回到家后，我马上从冰箱拿来了一个又白又胖的鸭蛋，将它放入水中清洗，擦干后又从房间里找到了一把头很尖的小剪刀、一支铅笔、一盒彩色笔、一盒橡皮泥和牙签，最后从碗柜里拿了一个碗就一切准备就绪了。

开始制作了，首先，我用手将鸭蛋用力地左右摇晃。一开始，我还能听到几声咕噜咕噜的声音，但摇晃了一会儿就听不到了。我想可能是因为蛋黄和蛋清混合在一起了吧，但是为了一会儿蛋黄和蛋清可以快速地流出来，我还是用力地摇，直到手酸了，才停下来。接下来，我用小剪刀尖尖的头朝鸭蛋头尖的一头中间钻一个小孔，将小孔对准碗，再用牙签从鸭蛋的小孔伸进去，将蛋黄和蛋清挖出来后，鸭蛋就变成一个空蛋壳了。然后我把鸭蛋壳放进水里，将蛋壳里的东西清洗干净后，用力地甩起蛋壳来，希望能把蛋壳里的水甩干净。可就在我使出浑身解数甩时，发生了一件事：由于我太用力了，再加上我手会湿还有点儿滑，鸭蛋壳便从我的手里飞出去，撞到了墙上，粉身碎骨了。我见此情况只好用扫把将蛋壳扫进垃圾桶，再从冰箱里找出一个干净的鸭蛋，按之前的方法钻了个小洞倒出蛋清和蛋黄，又将鸭蛋壳放进水里冲洗。这回我将蛋壳的外面擦干，把我的手擦干以后再来甩，蛋壳里的水都被我甩出来了。接下来就到了最重要的一步了，将鸭蛋配上画。首先我用铅笔在蛋壳上画了几棵小草，然后在草的上方画了几朵小花，我看着眼前的蛋壳，感到有点儿空，于是我在花的上方添上了几朵云，在鸭蛋的上下方各画了圆形的彩虹，就开始上色了。我先将小草涂成了青绿和深绿两种，在花上涂上了各种各样的颜色，有红色、蓝色、紫色、黄色、橙色、粉色，在云朵上涂青蓝色，最后用彩虹上的七种颜色按顺序在鸭蛋壳的上下方都画了圆形的彩虹就完成了。只剩最后一步了，我用橡皮泥揉成了一个圆球，再按扁一点儿，就变成了一块月饼，我在月饼的中间按了个小圆来放鸭蛋壳，最后在月饼的边缘用手按了一圈，底座就完成了。

  看着眼前的作品，我感觉不怎么好看，但是这毕竟是我第一次的成果。通过这次的小制作让我明白了，只要做事认真仔细就一定会成功。

好书伴我成长

黄辣辣

我脑海里的每一缕记忆的游丝都和我那亲爱的书在一起,它牵着我的魂,绕着我的梦,成为我生命中不可缺少的一部分。

在我十四年的人生历程中,读过许许多多的书,它们伴着我成长,使我从一个茫然无知、咿呀学语的小孩成为一个即将毕业的小学生。书不仅给了我知识,还给了我精神的财富。这种财富是无价之宝,让我在知识的海洋里畅游,让我的视野更加开阔。

在我还不识字的时候,每天晚上,妈妈都给我讲故事,让我认识了心地善良的白雪公主、骄傲自大的兔子、敦厚朴实的小山羊……书还把我引入了一个神奇的世界:我为坚强的丑小鸭变成美丽的白天鹅而激动欢呼;为勤劳善良的灰姑娘获得美好生活而欢欣鼓舞;为小乌龟战胜了小白兔而高兴；为卖火柴的小女孩儿伤心流泪……这些故事像磁铁一样吸引着我，于是我对书产生了浓厚的兴趣。

上幼儿园时，随着年龄的增长，我慢慢地学会了一些字。在幼儿园里，老师教我们读唐诗，给我们讲了不少蕴含着人生道理的成语故事，例如：《拔苗助长》《守株待兔》《掩耳盗铃》等，我贪婪地吮吸着知识的甘霖。从此，我对书更是爱不释手了，一个个生动有趣的故事丰富了我的头脑，也让我学会了不少做人的道理。

升入小学的低年级，我懂得了拼音，因此学会了不少字，那时候的我，经常缠着妈妈到新华书店给我买一些注音的书来读，那精彩好笑的语句、绚丽无比的图案、丰富多彩的连环报……让我陶醉，我都会像蚕吃桑叶一样一页一页细细品读，享受着其中的乐趣，还不懂事的我终日沉浸在书的幻想中：如果自己有一双会飞的翅膀，就可以环游世界；如果有一双神奇的扫把，就能和女巫一起遨游天空；如果有一架南瓜车，就能在十二点前去皇宫和王子一起跳舞……书总会给年幼的我带来许多幻想，让我沉浸在书的世界里。到了小学的中年级时，我开始接触了作文书。妈妈告诉我："作文书里有不少的好词、好句、好段，你可以把它摘抄下来，然后背下它，这样对写作的提高很有帮助。"于是我每次阅读作文书时，都会按照妈妈的话，把优美的词句段背下来，久而久之我的写作能力提高了很多。为此我十分高兴。

直到小学的五、六年级时，老师带着我们在书中领略了祖国的名山大川。从《上下五千年》这本书中，我知道了世事沧桑、朝代更替，知晓了许许多多惊天动地的历史事件，认识了许许多多叱咤风云的历史人物，了解了中国五千年的文明历史；当我读了《假如给我三天光明》的时候，我就被海伦凯勒不屈不挠、顽强不屈、勇于向命运挑战的精神所折服；从《十万个为什么》中，我更是解开了心中的疑惑……这些书让我的阅历进一步扩大，开拓了我的视野，还给我上了一堂堂非同寻常的课，让我对未来充满了希望，让我感到每一天过得都很充实。书点燃我的心灵，使我有了自己独立的见解。

我和书的故事永远不会画上休止符，只会随着我的成长而变得越来越丰富。

和蚊子较量

黄辣辣

炎热的夏天到了,我换上了短袖、马裤,但是可恶的蚊子总是会时时造反,在我的腿、胳膊上留下一个个红色的大包。"蚊不犯我,我不犯蚊;蚊若犯我,我必犯蚊!"我与蚊子拼了个你死我活,看看我与蚊子的较量吧。

每到夜深人静时,那一群讨厌的蚊子又来到我房间里"放肆","嗡嗡嗡"的声音连绵起伏,吵醒了沉浸在梦乡中的我,看来不给这一群罪大恶极的蚊子点颜色看看,这一夜注定是要与美梦无缘了。我先不动声色,想着用什么办法对付这群"吸血鬼",可它们不知好歹,以为我睡熟了,飞到我耳边,发出像"空中战击"似的声音,仿佛是要跟我宣战一般。不仅如此,这群"吸血鬼"禁不住我体内对于它们如乳汁般血液的诱惑,一下子"嗖"的一声朝我脸上叮来。我忍无可忍，眼疾手快，使出了祖传的"降龙十八掌"，对我脸上那只蚊子打去。可这只蚊子实在太精明，在我没把它打成肉饼前就已经逃之夭夭了，而我不仅没打到蚊子反而送了自己一个响巴掌。这让我想起了一首叫《春晓》的诗，我要把它改为《夏晓》：夏眠不觉晓，处处蚊子咬。夜来巴掌声，蚊子死多少。而自己和这自编的诗的后一句恰恰相反，哼，"蚊妖"，是你让我"身负重伤"，还被你叮得付出了"血的代价"，我发誓我今天要是不送你去"十八层地狱"，我就不是个人了。

吃过亏的我怎能不经过一番深思熟虑再下定论，想着想着，我不禁想起了家里最近买的杀虫剂，眼里出现了一丝诡异、阴险的笑。哈哈，蚊子啊，虽然你很狡猾，但这高科技产品可不是你能奈何得了的。取来杀虫剂后我立即回到房间关上了门和窗户，以防蚊子有逃跑的机会。这时我又拿来了一个高科技产品——电蚊拍。有了这两个东西，我更是信心十足，左手"毒气"杀虫剂，右手电蚊拍呼呼生风，对着墙壁上的蚊子得意地喊道："蚊子啊蚊子，你终究逃不过我的手掌心，你已经被包围了，苦海无涯，回头是岸，如果你现在乖乖投降，我可能会考虑让你留个全尸。"可这只蚊子敬酒不吃吃罚酒，在我面前潇洒地转了一圈，像是在挑衅，接着溜之大吉，是可忍孰不可忍。我气急败坏，举起杀虫剂对着"逍遥法外"的蚊子扫射，但它却异常敏捷，一会儿东躲躲，一会儿西躲躲，总是能躲过我的扫射。反而是我，被杀虫剂的味道呛了个喷嚏，脑中一团怒火升腾着，被这只老奸巨猾的蚊子耍了这么多次，要是不报这个深仇大恨，以后传出去怕是要被人笑话了。我放下杀虫剂，两手拿着电蚊拍对着飞来飞去的蚊子扇来扇去，不料它直接飞到最高处去，使电蚊拍无处施展它的本领，我没办法，只好等这只蚊子下来后再施展我的"九阴白骨爪"。果不其然，没多久，这只蚊子便悠闲地下来了，我耐心地等待着，等到最好的时机，再把它一击命中。一会儿这只蚊子放松了戒备，我立即冲上前去使出了"铁砂掌"向蚊子拍去。功夫不负有心人，这只该死的蚊子终于浑身无力，两腿抽搐，一命呜呼了。

哈哈，这一次和蚊子的较量以胜利告终，又可以睡个好觉啦。

家乡新事多

黄依娜

现在的世界日新月异,天天都在变化,每天新人新事新科技层出不穷。而我的家乡农村也发生了许多新事,发生了许多变化。

新事一:道路变化。周末我回到家乡农村去探望爷爷奶奶。我坐着车来到了村门口,发现原来凹凸不平的道路已变成了平坦的道路。以前坐着车子上坡时,都会被这些坎坎坷坷的路弄得左摇右摆。坐在车子里的我像坐了弹簧车似的,一会儿上弹,一会儿下弹,一会儿左弹,一会儿右弹,弄得我浑身都不自在。可这次就不一样了,车子平平地向前驶去,车下没有"咔咔"的声音,而且一下子就上坡了。道路两旁有一排排常春花,那粉红的笑脸怒放在嫩绿的叶丛中,使人觉得另有一番情趣。我双眼望出车窗,又发现村子里的道路宽阔了许多,以前窄小的道路铺上了一层白白的、厚厚的、宽宽的"白霜",没有一点儿垃圾,这使道路看起来宽阔、整洁、美观。

新事二:食物变化。晚饭的时间到了,我们一家子在圆圆的餐桌上吃饭。奶奶把菜都一一端到桌上,那香味一直让我的口水"飞流直下"。只见餐桌上有好几道菜:油而不腻的可乐鸡翅、香气扑鼻的糖醋排骨、紫晶晶的甜辣茄子堡、美味可口的牛肉炒土豆、香喷喷的干贝排骨汤……桌子上,摆满了好菜,它们的香味可真是诱人。奶奶说:"现在的乡村生活发生了很大的变化,菜品丰富了,食物也比过去好吃多了。"我听完此话,眼睛圆圆地盯着菜,迫不及待地动筷子,不顾女孩子应有的形象,大口大口地吃了起来。

新事三:环境变化。享受完美味的晚饭后,已是黄昏,橘黄色的太阳渐渐地收敛了光芒,变得柔和起来,奶奶决定带我外出散步,看看家乡的环境。家乡的环境可真好啊!一棵棵高大挺拔的大树像士兵一样矗立在道路两旁,路旁没有一点儿杂物,十分整洁。再看看桥下的溪水,碧绿碧绿,清澈见底,溪中鱼儿的一举一动我都尽收眼底,看得清清楚楚。再看看溪边角落的垃圾桶,虽说是垃圾桶,但是地上却不着一点儿垃圾,一尘不染。微风乍起,树上的落叶悠悠飘下,像蝴蝶在风中翩翩起舞,很有风韵。一眼望去,村子里充满绿色,充满生机,遍布着新鲜的空气……

家乡的新事数不胜数,每一件都让我记忆犹新,每一个变化都是那么大。家乡的变化可真是飞速驰骋,新事可真是多,我相信通过人们的努力,明天的家乡会变得更美丽。

童 年 趣 事

黄依娜

童年,像一首歌曲,时而高潮,时而低音;童年,像万花筒一样,有着五彩缤纷的鲜花;童年,像漫天的云朵,大小不同,形态各异……身处童年,我们每天都在编织着美丽的故事,其中那一件趣事最令我难以忘怀。

爱美之心,人皆有之。趁着妈妈外出,我化身为小小化妆师。

我打开衣橱的大门,里面的漂亮衣服真多呀!有华贵艳丽的红色长裙,有中国风范的古典旗袍,有白色且带有宝石光泽的长裙,还有特别时尚的蕾丝布裤子……我拿起我心仪的白色长裙,靠近身子比一比,有点儿长了,不过,没事,这都不是问题。看了看,这裙子没有拉链,我只能硬穿,我把头钻向裙子的衣领,再吃力地把手向上伸,想把手伸向裙子口,可现实没有我想象的那么容易,裙子被我整得卡在了我的腰部。"哎呀，怎么穿不上去呀！"我有点儿懊恼。唉，只能用蛮力了，简单又粗暴。我用尽全身力气把裙子往下拉，"滋"的一声，裙子下来了，却漏了个洞。我低头向下看，衣服依然是那么美丽，我以为这样就完美了，就心满意足地继续打扮。

想起化妆，我心中的小激动便油然而生。我把妈妈的化妆盒打开，只见五彩缤纷的化妆品样样俱全。我右手拿白胭脂盒，左手在胭脂上点了点，学着妈妈平常的样子，兴致勃勃地涂了起来。我又拿起红胭脂，在脸蛋两旁涂涂、抹抹，就完成了。"对了，没有镜子，要不等我化完再看看自己的成果吧！"于是，我又拿起眼影笔，在眼睛周围画了一圈，把那像颜料一般的化妆品画在眼睛上。彩虹的颜色最美，最鲜艳了，不如把这彩虹颜色化在我的眼睛上，不是很美吗？于是，我在眼睛上画了七道颜色。

化完妆后，我穿上了妈妈最爱的粉色高跟鞋。我充满期待地想：我化妆化了这么久，选了最漂亮的裙子和高跟鞋，我一定会很漂亮的。"咔咔"地走向镜子面前，这时，一幕令我惊讶：发现我长高了不少，可原来自以为美的裙子已破了一个大洞，很难看；特别是脸，最为搞笑——眼睛的边缘有一圈黑黑的圆圈，好像三天三夜没睡觉产生出的黑眼圈，又像只大熊猫。那我原以为彩虹的眼影很美，却是像个奇葩，色彩中有几分可怕，但却那么"抽象派"。

童年，是美好的；童年，是纯真的……那一次打扮将永远藏在我的记忆匣子中，成为我忘不了的回忆。

我心目中的三国英雄

黄慕雪

四大名著之一的《三国演义》塑造了诸多有血有肉的英雄人物，如忠勇双全的关羽、神机妙算的诸葛亮、老奸巨猾的曹操……这些人物当中，只有诸葛亮才算是我心目中的三国英雄。诸葛亮，字孔明，号卧龙，他长得像神仙一样，气度非凡，手上摇着鹅毛扇，身上披着长袍，一身散发着儒雅睿智的气息，他上知天文，下知地理，仿佛天地间他无所不知一样。我敬佩诸葛亮的足智多谋。

周瑜和诸葛亮两个人都非常的有才能，周瑜对诸葛亮的情感就是羡慕嫉妒恨，所谓一山不容二虎，这二虎却同时在一个山里，因为孙刘联合抗曹，两人需要暂时一起共事。周瑜出于对诸葛亮的嫉妒之心，一次刘备的军队武器匮乏，他逮到机会刁难诸葛亮，命令诸葛亮在十天之内交出十万支箭。十万支箭首先光从数字上就是一件不可能的事了，摆明了就是周瑜想让诸葛亮难堪。但是诸葛亮告诉周瑜只要三天即可，并向鲁肃借了船和士兵，总共是二十条船和六百个士兵，这么一点儿人数怎么能够取得十万支箭呢？他又在二十艘船上放满干草垛，然后用布盖上，到了第三天凌晨的时候，诸葛亮带着鲁肃去取箭，他将装满干草的二十条船用绳索连成一条，然后往北方开去，当时江面上雾气很多，伸手不见五指，鲁肃被请来取箭，看着这些场面目瞪口呆，怎么也想不明白诸葛亮到底要做什么。船顺着水流朝北驶去，而那面恰好是曹操的阵营。快靠近曹军时，诸葛亮下令把二十条船按照船头靠东床尾靠西的方式一一排好，然后让那六百个士兵一边敲鼓一边呐喊，这种阵营就是士兵打仗时的阵营。曹操听到了击鼓呐喊声，但是考虑当时的大雾天气，所以曹操并未出来迎战，这也是诸葛亮知道曹操生性多疑而做的决定，曹操的水军派出弓箭手对着诸葛亮他们的大军开始射箭，打算等天亮雾散了以后再迎战，以防受到埋伏。收到命令的士兵向那二十条船万箭齐发，因为船上放满了干草，所以射出来的箭全部都嵌在了干草上，然后诸葛亮下令换个方向，刚才是船头向东船尾向西，不一会儿船的另外一面也射满了箭。那时天开始露白，天一亮太阳一升雾气一散就要露馅了，诸葛亮命令所有的士兵开船回自己的军队，并且送给了曹操一句话：谢谢曹丞相的箭。

与周瑜的约定期到了，等着诸葛亮出丑的周瑜早早地等着他，鲁肃带人清点的总支数一共是十二三万，这比预计的箭还多了好几万，不仅解决了箭支匮乏的问题，还逃脱出了周瑜的刁难。鲁肃把自己看到的所有都告诉了周瑜，周瑜听了被诸葛亮的足智多谋所折服，叹气自己确实不如诸葛亮。

在诸多的三国人物中，诸葛亮犹如一颗璀璨的明珠，格外耀眼。当然，诸葛亮的智慧不单单体现在足智多谋上，他还是个神机妙算、料事如神、运筹帷幄的人，这就是我心目中的三国英雄。

祝您生日快乐

王赫媛

祖国,生日快乐。

您是明媚的春日,是繁华的夏夜,是华丽的秋叶,是凛冽的寒风,是我心中永远的母亲。

今天是小长假的第一天,我坐在行往远方城市的列车上,安静地听着歌。离开家,有点儿心慌,更多的是激动。看着窗外沿途的风景,似乎在这一刻,任何事情于我而言,都似不值一提了。祖国母亲啊,您的眼睛真好看!不过我的更好看,因为我的眼中全都是您啊!

您的六十八岁生日是在我的倚窗听雨中悄悄来临的,痴痴地望了很久很久,突然想起,雨后就会天晴。

六十八年里,你越来越多变了,就像一千个人眼中有一千个哈姆雷特一样,不同的人眼中也会有不同的风景。我眼中最美的风景是温暖的,就像那夕阳里的微风一般。

登上高楼，俯视全城。这也是我最爱的景色。如今，映入眼帘的早已不是低矮的房屋，而是像您一样崛起的高楼。六十八年，您变了许多，告别了贫穷，走向了昌盛，可不论怎么变，依旧是那个我爱的您啊！

　　我站在高楼上眺望世界，却怎么也眺望不到比您更鲜艳的颜色，多少次眺望也无法表达我对您复杂的情感。

　　我所站的，我所走的每一寸土地，都有一个共同的名字，叫作华夏。

　　我生于此，长于此，眷恋您的温柔！

　　今天是您的生日，祝您六十八岁生日快乐！

秋天来了

王赫嫒

秋天来了。

天气慢慢转凉,早晨上学的时候被寒风吹得哆嗦两下,脚踩树叶,仰起头,叶黄了。"自古逢秋悲寂寥,我言秋日胜春朝。"我喃喃道。

秋日的天空,是干净的。几朵白云彼此依附,相拥在天空的怀抱,风儿一吹,便欢快地跳动着,像鱼儿畅游于大海般自在。大雁排着整齐的队伍朝南飞去,点缀着浩瀚的天空,为秋日的天空平添了一分滋味。

秋日的雨微微凉,是清晰的。随性、迷离而不受牵绊。一场秋雨一场寒,每一次的洒脱都在告诉我们时间已经从身边悄悄流逝,在指尖渐渐滑落。

秋,来得悄无声息。秋风扫落叶,秋雨洗大地。秋的一切如诗如画,静美和温情。

我喜欢秋，秋日里的天，秋日里的雨，秋日里的风，宁静而安谧。秋日里的一切，仿佛注入了神奇的力量，不知不觉地走进生活中，总能让你沉寂下来。

不慌不忙中，叶落了，菊开了，果熟了，连呼吸都变得畅快，秋天，总能让我们感受不一样的惊喜。

秋天像一个淘气的孩子，用手上的水彩笔给世界涂彩；

秋天像一个勤劳的农夫，告诉我们，一分耕耘一分收获；

秋天像成熟稳重的老者，从头到脚都是含蓄的，枝枝叶叶诉说着春夏，含情脉脉地盼着冬。

明月几时有

王　赫

"明月几时有，把酒问青天，不知天上宫阙，今夕是何年？"

今夜便是中秋佳节，夜空中月明星稀。美好的日子，本应是一家人团聚在一起，开开心心地度过。

然而近年中秋来了，我却独自一人望着那轮明月。

一个人始终太孤单，我在那明月下散步，秋风袭来，凉意溜进衣领，我未曾理会。路旁的小亭子刚好成了我的静心之地。

靠在柱子上，闭上双眼，似乎与外界失去了联系，浮现的是曾经的回忆。喜、怒、忧、思、悲、恐、惊，他们像摔破的碎片在我的脑海中乱撞，紊乱的呼吸过后是家人的陪伴，曾经的小打小闹竟是我最喜爱的记忆。

夜晚的降临也并无多少温度，悬空而挂的明月所散发出的气息是冰冷的。忽地想到了苏轼的"人有悲欢离合，月有阴晴圆缺，此事古难全"。他在月下思亲，可惜我不是，也不需要酒的陪伴。

自从母亲去世，我便讨厌这种团圆日。我最爱的人不能陪我一起赏月，也没了所谓的"但愿人长久，千里共婵娟"一说吧。

天上的月亮很大很圆，我一个人徘徊在月光下，四方寂静无声，因为我的内心也是无比地寂静。

草，令我陶醉

李俊怀

草是自然界中最平凡的植物，也可以说是自然界中最卑微的植物。但是，它却有一股令我陶醉的味道。

春天的草，犹如一个少年郎。带着"野火烧不尽，春风吹又生"的倔强破土而出，柔弱中接受春雨的洗礼，洗净铅尘，终与花儿结对，才有"乱花渐欲迷人眼，浅草才能没马蹄"的美好。

夏天的草，犹如一个青壮年。它毫不掩饰地吸收外界的能量，毫不浪费地把这些能量化为己用。收起春的软绵，锋利地展示自己的力量。

秋天的草，犹如一个中年人，它早已知道生命的可贵。"年年陌上生秋草，日日楼中到夕阳。"草势少了锋芒，开始枯衰冷黄，在风中更显柔软

冬天来临，草就像一位沉睡的老者，毫不吝惜地将自

己最后的力量献给大地。它坚信，来年开春，它又将卷土重来。

俗话说："人不可貌相，海水不可斗量。"草的一生平凡、渺小，但这短小葱郁的生命中，有着坚韧和刚毅，它不需任何人浇水、施肥，只要有一把泥土、一束阳光就能茁壮成长。就像一群顽强、可爱的孩子，它们永远挺胸抬头，舒展着翠绿的手臂，骄傲地迎着风！

我最熟悉的人

薛海平

深夜，莫名地睡不着，躺在床上，望着漆黑的天花板，心底一片寂静。耳边，渐渐传来轻微的呼吸声。转头一看，心河像被一颗石头打落，乱了节奏……

记忆的大门打开，往事如洪水一涌而出。打小我脾气就不好，只要做事不合心意，就会变成一头暴怒的野兽，摔过碗、打过人、砸过各种玩具，父母常常被我气得满脸通红，愤然离去。

一次妹妹来家里，四处蹦蹦跳跳的她早已成为我嫌弃的对象，而她却随手抓起糖或者水果，并且将垃圾丢得四处皆是。突然发现我的"小金库"马上就要被她搬空，一股怒火促使我冲过去，抓起她手上的糖果，大骂道："吃吃吃，你到别人家就只知道吃，你家的东西搬过来给我吃看看？"不知她是因为手上的糖果没了还是被我吓到了，妹妹大声地哭出来。妈妈听到后开始说我的不是,唠叨我不懂得谦让妹妹。

瞬间我就像点燃的鞭炮,噼里啪啦地回击着,迈着胜利者的脚步离开了这战场。拐角上楼时,余光扫到了妈妈眼角泛着晶莹,任性的我却固执地抬头不再看一眼。

记忆停下,回过头,透过月光,安静睡着的人,头上的银线,脸上细细的皱纹,心突然开始颤抖。我明白,她的衰老,一半是我的任性所致,一半是岁月的无情。

看着这个从小守着我,教我说话,教我走路,教我使用筷子……这个最熟悉我的、我也最熟悉的人,心里的愧疚无法散去。轻轻转过身,抱住她,喃喃道:"我会改的!"

书，令我陶醉

林函颖

歌德说过："阅读一本好书，就像同一个高尚的人在交谈。"没错，书总能给人以不一样的智慧，陶醉其中。

书是我幼时就结交的好友，童年几乎都是与书相处。这些有趣的文字吸引我，我疯狂地汲取知识，想要透过它了解得更多。

走进安徒生和格林共同编织的童话世界中，时而插上翅膀，飞到森林中，与白雪公主和七个小矮人玩耍；时而潜入深海，陪伴美人鱼并告诉王子真相；时而站在高塔，为长发公主驱散孤单。书，是一个美妙的世界，给予我无限想象，让我明白世间的真善美。

逐步进入诗词的海洋，或慷慨激昂，或悲伤凄冷，抑或潇洒自由。如怒发冲冠的《满江红》，肆意洒脱的《将进酒》，清清冷冷的《声声慢》……字里行间夹含人间的苦乐喜悲。

认识的字多了，就开始看起四大名著等经典著作。穿越时空看战火纷飞东汉末年分三国；跟着刘姥姥走进大观园看众人命运。看着这些逻辑缜密、事迹清晰的故事，我感慨生命的变化莫测，佩服男儿的雄心壮志。

书，是我老师，又是前辈，也是我的朋友。我之所以爱读书，是因为书教会了我做人的道理，同时也给了我精神和力量。我和书的故事将会持续到永久，做永远的朋友。

老师，您别动

陈逸潇

老师，您别动，让我给您画一幅画。一张圆圆的脸蛋让人看起来十分地讨喜。

老师，您的一双明眸可是名不虚传的。仿佛是孙行者的火眼金睛，任何小动作在您的面前都如同儿戏一般，扫射出精而准的光波让我们立马挺腰坐直。

老师，您别动，我要画您的鼻子了。您的鼻子应该是吸收了日月之精华，闻世界万之气。不见其人，先闻气味，总能判断出我们这群贪吃的猫儿在偷吃的食物。

老师，我要画您的嘴巴了。一张一合吐露了对我们的谆谆教诲，一言一语中夹含了对我们深切的期望。无论是国家大事，还是街边笑话，您的嘴角上翘的样子真好看。

老师，我最佩服的就是您的耳朵了。总觉得教室内的风吹草动您总能凭借这双招风耳清楚判定是哪位同学所说，仿佛安装了自动语音识别功能似的。所以自然我们也明白了，有您在，我们这群猴崽子们还是少说话多做事吧！

　　三尺讲台，染苍苍白发；桃李满园，露美美笑颜。老师，这幅画我要送给您，愿画中的笑脸常伴、永驻，感谢您伴我成长中每一天！

我最熟悉的人

兰佳蕾

你今年十三岁了,我也与你过了这十三年,笑过哭过,但从未长大过。致你,我最熟悉的人。

——题记

我看到你十三岁的模样:忽闪忽闪地眨巴着眼睛,努力睁大却歪着脑袋睡着了,像一只沐浴在阳光底下偷懒的猫。

你贪吃,有时候我都怀疑你的胃是不是有个无底洞。记得一次生日,你馋那蛋糕已久,不愿意吃饭,自言自语道:"好不容易能够吃蛋糕,今儿我要吃个痛快!"趁着别人不注意,你用指头戳了些奶油放在嘴里吮吸着。看着这满是洞的蛋糕,我只能劝你"还没开始呢,少吃点"。

你瘪了瘪可怜巴巴道："再吃一点儿嘛！"我有点儿无奈，你却骨碌碌地转了转眼说"反正吃了这么多了！干脆吃完好了"。说干就干就服你了，末了，还用手抹一把嘴边甜腻的奶油。

你还是只书虫，夜里熄灯了，趁着妈妈离开后，你猫着身子在被窝里打开专属的小手电，看着早已被压在枕头底下的书，看到有趣的情节时，捂着嘴巴咯咯地笑，不敢大声。不知不觉中抱着书睡着了，第二天醒来光荣晋级为"国宝"。妈妈嗔怪道："半夜做贼偷书去了吧。"你却伸伸懒腰说夜里读书有助于提高睡眠质量。

你是我最熟悉的人，也是我最喜欢的人。跌倒过，但爬起了，失望过，但重拾希望。你，亦是我，我最熟悉的人，是你，未来路很长，我们一起走！

开在心中的友谊花

江一民

记忆的花丛中，有不计其数的花朵，有些花开过就无影无踪了，而有些是种在我的记忆里的友谊之花，在心田常开。

两年前的夏天，我和我的朋友约在老家的一棵郁郁葱葱的古树下玩耍。我们决定一起玩蒙眼画五官的游戏。石头剪刀布，一局定输赢。由她先开始画，我开始期待她笔下的我的样子，她的画技很好，在班级中有"小画家"的称号呢！我帮她蒙上眼，她慢慢地走到树边，拿着画板开始勾勒，在旁看着的我却弯着腰捂着嘴笑得全身发抖。一张不羁的大圆脸，厚实的大嘴，大鼻子大耳朵一拥而上，典型的"四不像"。她自己摘下眼罩时也笑得前仰后翻。"你把我画得这么难看，你等着我给你的大作吧！"我假装生气地说。

她帮我用力地把我眼睛蒙上，本来方向感就不强的我，没走几步撞到树干了，那时的我不争气地"哇"的大哭起来。她急忙上前抱住我，说："等着，我给你去拿药。"就消失不见了。

我赖坐在地板上，看着她跑回来的样子，我笑了。她细细地为我擦着药，我看着她满头大汗样子，心想："这时的你是我一辈子都不会忘记的。"伸出手，抱住了她。

时间不停地转，我们在慢慢地长大，而这件事却永远都难以忘记。

我们之间的感情无须言语，只要一个眼神便能读懂。我们之间的感情刻在那大树上，留在夏天的温热中，暖暖地流淌在我的心河。

我难忘的一件事

兰佳蕾

我的脑海中有一摞相片,闭上眼,它们在我眼前掠过时,我总能捕捉到最清晰的那一张。这一张照片讲述了一个关于爱的故事。

六年级,压力和烦躁使我变得不愿意与妈妈交流,期中考试后,妈妈的念唠终于让我爆发了。

镜头一:我站在妈妈面前。"你看看你!"她恨铁不成钢地冲我喊着,我却只是沉默地看着,不言不语,心里似水一样的平静,她的话左耳进右耳出。本想着自己熬一熬妈妈就会放弃说教了。可是,"啪"!一个耳光在我的脸上扇出了一阵风,带来火辣辣的疼。我来不及做出反应,手指印却赫然印在脸上。

镜头二:我蒙了,不懂如何回应。双脚却逃也似的跑回了自己的房间。锁上门,沿着门滑坐在地上。我恨!我恨妈妈平时的关心使我不舍离开家；我恨！我恨平时妈妈的温柔使我不愿意顶撞；我恨！我恨自己的不努力让她变成暴怒的野兽……

回忆涌上心头，鼻子酸得不行，眼泪不要钱地流，嘴巴早已干得哭不出声：我恨妈妈，更恨自己。我明白，我有千万种努力的理由，却没有让母亲失望的借口。

听到敲门声，我哭麻了的身体动了动，看见门缝中薄薄的纸张，逐字逐句地往下看，妈妈的道歉让我无地自容，剩下的是对她更深的愧疚。

我悄悄地打开门，走向沙发，看着你憔悴的侧颜，我忍不住抱住你，哭着说："对不起，我让你失望了，妈妈，我保证我会努力的。"

最后的镜头停在了你伸手抱住了我，拍着我的后背，告诉我别哭！

这张让我最为难忘的照片里，有着世间最寻常的爱！

窗边的三角梅

运 动 会

郑耀炜

一年一度的运动会开始了,同学们个个热情高涨,运动员们个个摩拳擦掌。因为,他们将代表自己的班级在这次的运动会上争夺至高无上的荣耀!

"请参加男子400米跑步的同学到主席台前检录!"广播的声音响起,大家都更紧张了。因为我们班阿洛参加了这项比赛。我对着他伸手做了一个加油的手势,他大笑着大步快走去检录了。比赛在一轮一轮地进行,不知谁说了一句:"到阿洛了!"大家齐刷刷地看向跑道,阿洛左脚前右脚后身体微微蹲下,一副蓄势待发的样子犹如一只早已锁定目标的豹子。他的目光坚定,好像哈尔威船长一样,不惧任何的风浪。"砰"的一声枪响,阿洛如同一支离弦的箭飞出,其他运动员也不甘示弱,好比猛虎下山,不一会儿就紧贴阿洛,仿佛强力胶一般死死粘住。看来这是一场艰苦的拉锯战，比的就是能坚持到最后了。不好，第二个弯道的时候，阿洛被反超了。但，他没有放弃，阿洛的每一步都在咬牙坚持，似乎只要再一步，他就重新回到第一的位置！看着他越来越苍白的脸，我们扯着嗓子："阿洛，加油！加油！"终于过了终点，赢了！我们一阵欢呼，不仅为比赛的胜利，更为阿洛的坚持！

运动会年年复复，比赛输赢谁也说不定，唯独坚持需要极大勇气！

秋 天 的 美

江 婧

　　金秋十月，秋姑娘拿着个果篮，还带着不计其数的新衣与颜料，给许多山川草木换上了新衣，更给大地增添了色彩。在这凉爽而安逸的季节，人们是面上含笑的，花草和树木是用自己特别的样子迎接它的。
　　而我最喜欢的是秋天的树叶，它是秋天带给我最大的礼物。"停车坐爱枫林晚，霜叶红于二月花。"瞧这枫叶，比二月花还要鲜艳美丽，它透着点点红意，像饱饮了玫瑰酒似的，醉醺醺地溢出光与彩。你伸手去触摸它，叶面十分光滑，叶片边还有些锯齿，但它却不伤人。你抓住一小枝轻轻摇一摇晃一晃，这就宛如几只红蝴蝶在轻轻舞动。枫叶还呈龙爪状，你说它金雕细琢，又不能体现它色彩与质感上的美，你说它色彩鲜艳，质感柔滑，却又辜负了它的郁郁葱葱。总之单凭几个词汇是无法概括它全部的内涵的。

枫叶还有红黄的。当我沉浸红枫中时，一阵凉风袭来，一群黄蝴蝶飞来了！枯黄的枫叶又像是淘气的娃娃向我扑来，我伸手接住了几个小娃，随即我又有想到了落叶归根，或许它们现在该跟秋姑娘走了吧，于是我便将它们轻放到了地上。使我爱恋的秋叶！

"待到重阳日，还来就菊花。"秋菊也是秋天的美，它象征着秋天的高洁与淡雅，虽不如春天百花争奇斗艳那样盛大，却显得安静端庄，它也是秋姑娘带来的礼物！

秋天，让人们饱了眼福；秋天，给人们带来了礼物！美丽的秋天。

挥洒汗水的青春

兰蕾蕾

尽管运动会已经结束，可那一声声的呐喊，却时时缭绕于耳边。

还记得第一天运动会，同学们的热情，运动员们的活力，都让人只感觉斗志昂扬，激情四射，无一人不兴奋，无一人不激动。

第一天的运动会开幕式，我想我已将其刻在了脑海里，明媚的阳光洒在每一个同学的脸上，让人感受到这一朵朵小花们正在茁壮成长。

一个个气球向着蓝天翱翔，同学们则在主席台上散发着自己的活力、自己的精彩，似乎在与太阳的光芒比活力，与高山流水比美。同学们的热情渲染了所有的一切，使一切都充满了活力与生机。

看，同学们的舞蹈富有动力，节拍的旋律让人不由自主地想要与其共舞，似乎鸟儿也受到了感染，在天空中翱翔。听，同学们的歌声优美动听，令人情不自禁地跟着他们一起唱。陶醉在其中。瞧！同学们排着队，迈着整齐的步伐向我们走来。尽管军训已经过去了一个多月，但是大家却依然保持着那种军人的气概丝毫不松懈，意气风发，英姿潇洒，誓为班级而去奋斗、去努力、去拼搏，为其争光！

精彩的开幕式结束了，下午便是要正式开始比赛了。看，运动健儿们摩拳擦掌，在起跑线上跃跃欲试，似一支支将要离弦的箭，蓄势待发，而一发出去，便势不可当，勇往直前，只向终点冲去。为了班级，为了荣誉，向前冲！

而在大本营的同学们也不游手好闲，当运动健儿们在赛场上拼搏时他们也用手中的笔而奋斗，写下一篇篇、一摞摞加油稿，用自己的热情去回报运动员们。那铺天盖地的加油声一浪高过一浪，使运动健儿们感受到了同学们的热情。加油！向前冲！

尽管运动会已经结束，但同学们的热情并未散去，加油，冲啊！

窗边的三角梅

兰蕾蕾

清晨,我已经开始提笔疾书。写着写着,心里不是滋味,便不由自主地抱怨:为什么别人还在酣睡,而我要在书桌前奋斗?干脆一甩手,趴在窗台发呆。

要到十一月了,气温骤降,让人有点儿受不了。我捂了捂衣服,打了个激灵。默默地,一抹红色入了我的眼——那是阳台上种的三角梅垂下的枝藤,上面缀满了星星散散的三角梅。

这种天气,哪朵花愿怒放?偏偏这梅花与别的花恰恰相反——天越冷,它越是要在寒风之中怒放。

我不由自主地对这花产生了兴趣,便仔细地观察这花:三片花瓣红得似朝霞,中间那一簇花蕊便是那朝霞之中隐藏着的太阳吧?在那儿静悄悄地默默地散发着属于自己的光芒。这一朵花似乎让一切都亮了起来。

我很好奇：在这寒风之中，别的花早就不堪一击地凋谢了，这一朵花何来的毅力支撑着它在风中绽放？

我顺着青藤往上看去，每一条枝上都缀满了花，花的姿态千奇百怪，各不相同，但它们却同样没有一朵在寒风的面前低下自己的头，一朵朵傲然大气，没有什么是它们不敢去面对的，没有什么可以打倒它们。

那些窗边的花真烂漫啊！我收了心，开始继续不再那么枯燥的学习。

春

郑耀炜

"轰隆隆……轰隆隆……"雷公敲响了春天的大鼓,春姑娘从梦中醒来,踏着五彩祥云来到人间。

小草沐浴着柔和的春风,用自己的身躯制成一块晶莹的翡翠,像一块柔软的绿地毯,又似一片绿色的海洋,起伏着层层涟漪。这时活泼可爱的小燕子聚在一起,呢呢喃喃地叫着,动听极了。冬眠刚刚醒来的青蛙憋不住了,"呱呱"地叫起来。欢快的小溪也来凑热闹,边跑边"叮咚"地唱着小曲。

山上,花儿大批争先恐后地盛开了,红的,白的……好像正在举行选美大赛呢!看那樱桃花,洁白的花瓣中呈现出淡淡的粉色,像一位亭亭玉立的白雪公主。瞧,粉色的桃花也开了,好似一片美丽的朝霞……

春天的雨是柔和的,只见春雨在竹枝、竹叶上跳动着。那雨时而直线滑落，时而随风飘洒，留下如烟、如雾、如纱、如丝的倩影，飞溅的雨花仿佛是琴铉上跳动的音符，奏出美丽的旋律。

　　春天带来一个生机勃勃的世界，它给我们带来了欢声笑语，给万物带来了希望，给大自然带来了缤纷绚丽的色彩。

自然让我陶醉

邓雅仙

生活如诗,自然如画,使人们陶醉而又流连忘返。

瞧!春天正张开双手拥抱着你!小草从土里一声不响地钻出来,左瞧瞧又看看,似乎发现了头顶上的垂柳正高傲地俯视着他,便一个劲儿地向上长,昂首挺胸地对垂柳说:"看,我跟你一样高了!"一旁的野花见小草"长高"的样子,忍不住笑出了声,涨红了脸。春风妈妈见孩子们玩得十分开心,便用温柔的双手轻轻地抚摸着它们,用柔和的声音呼唤它们回家。幼童们也咧开了笑脸,迎接春的怀抱。自然的生机使我陶醉。

瞧!夏天正张开双手拥抱着你!浪花拍打着岸边的石头,欢呼着跳跃着迎接夏天的到来。人们也争先恐后地去倾听浪的呼唤。太阳公公见此情景"呵呵"地笑了,把更多光芒馈赠给大地。大地也张开怀抱与夏天相拥。自然的活泼使我陶醉。

瞧！秋天正张开双手拥抱着你！枫叶涨红了脸，把大地都给染红了。人们也换上了长衣长裤，仰视着一片一片的枫叶从树上飘落，堆积了一团团的。大雁成群结队地从头顶上飞过，高兴地叫着："可以去南方过冬咯！"人们也开始忙碌起来了。果园香气四溢，诱惑着人们的鼻子和嘴唇。苹果、玉米、梨都张开双手等待秋天的拥抱。自然的成熟使我陶醉。

瞧！冬天正张开双手抱着你！雪花伴着凛冽的冬风，在空中、在屋顶、在地上、在树旁，跳起了一支又一支欢快的舞蹈。大树在给它配乐发出了"沙沙"的声响。树枝左摇右晃，如同灵活的天鹅在尽情舞蹈。人们裹上一层又一层的棉袄，躲在暖气房里不肯出来。寒气把太阳公公给驱走了，导致天空终日灰蒙蒙的。自然的雪景使我陶醉。

大自然的鬼斧神工使人陶醉，令人流连忘返。春的生机如画，使人为之陶醉；夏的活泼如诗，使人为之留恋；秋的成熟如画，使人为之安宁；冬的雪景如诗，使人为之赞叹。

大自然，如诗如画。牵引着你，使其忘却一切不适，沉迷其中。

夜，让我陶醉

赵如雪

年复一年，日复一日，万物不断地轮回，每当夜幕降临，美妙的夜使我陶醉于其中。

夜是安详的。当劳累了一天，身体已经疲倦至极时，夜无言地笼罩了大地。它就如同那安眠之曲，使人类得到更好的休息，从而补充在白天消耗掉的精力。夜给予人们宁静与安详。

夜是漫长的。望着漆黑的天空，人们总会陷入沉思，总会悟出些道理来。当夜晚来临时，人们总是会感到孤独，总会期待黎明的到来，那一刻的夜显得更加漫长。

夜是神秘的。漆黑的天空仿佛被泼上了一层层浓墨，只有几颗星星在闪烁着，在那浓墨的背后似乎隐藏了一个巨大的秘密，令人好奇不已。

夜是美妙的。深沉的幕帘上有变幻多端的图案，时而出现了一块白玉盘；时而出现一艘弯弯的小船；时而又有漫天的星斗。夜是神奇的、美妙的，人们对夜晚的天空总是充满无限的幻想。

　　夜的安详、夜的神秘、夜的美妙使我深深陶醉，而我又期待夜晚过去后的那份黎明，因为它象征着无限的希望。啊！总是使人期待而又爱恋的夜啊。

助人为乐的感觉真好

赵如雪

2017年的8月份,阳光依旧高高挂着,似乎一点儿也不怜惜干巴巴的大地。然而阳光打在身上却异常温暖。

那日与小学同学聚会结束后,我朝着家的方向走去。天空上飘着一片白云遮挡了炙热的太阳。我漫无目的地在路上走着,路过森林公园时,无意间瞧见了粗壮的古树上挂着一只风筝,风筝上绣着一只精致的燕子,那燕子栩栩如生。我思索着:居然还有人喜欢在这大热天里放风筝。我没多想便离开了。

我没走多远,前方便迎来两位模样清秀的女孩儿,她们似乎在寻找些什么。那个年幼一些的女孩儿咬着下嘴唇,眉头紧锁,眸子里尽是失落,里边似乎有水波在不断地荡漾开来。

"姐姐等一下。"我被大女孩儿叫了住。我看到了她的眼神里满是焦急。"姐姐，请问你有看到一只风筝吗？"炎热的天气让我变得很烦躁，我下意识地想要欺骗她，可是她那期待的目光使我改变了主意。"那风筝上是绣着小燕子的吗？"我问着。小女孩儿的目光立刻亮了，欣喜地望着我，嘴角弯起了弧度笑着说："是的，就是绣着燕子图案的风筝，姐姐你带我们去找找好吗？"我答应了，随后我们便来到了那棵大树下。

森林公园的树大多为古树，树桩约一人合抱粗，而树枝则不顾一切地往上长。大女孩儿不知所措地望了望，眼里尽是无奈。她低头对小女孩儿说了些话后，小女孩儿使劲地拍打着大女孩儿并哭闹着。我见此情景便决定帮助她们。

我从周围找到了一根长竹竿，挥动着无缚鸡之力的手硬是把风筝捅了下来。两个小女孩儿怀着感激的眼神接过了风筝，小女孩儿脸上泛起了绯红，从口袋里掏出了一个糖果来递给我笑着说："姐姐，谢谢你。"我笑了笑接过糖果，定睛一看原来是"阳光牌"牛奶糖。我望了望她们离去的背影，又抬头望了望太阳，阳光正温柔地洒在我的手上。那一天，我掌心的阳光好温暖。

这一刻，我觉得最快乐的事莫过于帮助别人。

我的小学老师

吴思贝

在我的小学老师中,我印象最深刻的是教语文的陈老师。她时而严厉,时而温柔。第一次见到她时,她的表情是一脸严肃的。我很担心以后的课都会上得很死板,作业会层出不穷,可是慢慢地发现,老师还是很幽默的,我便松了一口气。

陈老师的年龄不大,她有一头棕色的微卷的长发,眼睛不大,戴着圆眼镜,脸尖尖的。年轻的姑娘爱穿裙子,我们老师也不例外,夏日里每天都换一套裙子。

暑假阔别两个月以后,话题特别多,所以开学那几天尽管是在上课,我们也忍不住在底下交头接耳窃窃私语。陈老师有意提醒了两次以后,吵闹的声音还是持续不断。这一次老师发怒了,只听讲台上传来"啪"的一声响,所有人都如梦初醒,甚至有些人吓了一大跳。同学们都看向陈老师，只见她如狮子紧盯着猎物一般盯着我们，全班顿时鸦雀无声。接下来，那堂课全班都是胆战心惊地过来的。

奇怪的是下课后，陈老师又跟没发生过这个事情似的，跟我们嘻嘻哈哈地有说有笑。她摸摸这个学生的头，拍拍那个学生的背，那喜悦的心情难以抑制。我同桌便偷偷地和我说："老师是不是人格分裂，时好时坏？"

这就是我的语文老师，最严厉的老师也是最温柔的老师，也是被我们称之为"人格分裂"的老师。

我 的 童 年

游浚杰

童年是一个五彩斑斓的盒子,装满了糖果,装满了欢乐,装满了笑声。现在回想起来,每一件事情就是一颗晶莹剔透的珍珠,连在一起就是一颗美丽耀眼的项链,闪亮在我的记忆长河里……

记得上幼儿园时,爸爸妈妈经常派遣我去买东西,最多的是买盐。有一次,我惊奇地发现盐和洗衣粉没多大的区别,便埋怨妈妈,说:"妈妈,你这里有盐啊,为什么还要叫我买盐?"妈妈大笑却没有纠正我的错误。

因此,我便闹出了不少的趣事。

有一次,妈妈又叫我去买盐,我并没有出去买,而是趁妈妈不注意把洗衣粉装进了盐罐子里,然后递给妈妈:"妈妈,我把盐装到罐子里了。"妈妈笑着说:"做得不错。"不一会儿,一盘"色、香、味"俱全的"菜出炉"

了。妈妈觉得这香味怪怪的，便"身先士卒"尝了一口。紧皱着眉头问我："你买的是什么盐？"我骄傲地指着地上的洗衣粉说："这个啊！"妈妈摸摸我的头，无奈地说："你这傻儿子，这是洗衣服用的洗衣粉。"

如今，童年已离我们远去，这种事情再也不会发生了。而那发生过的一点一滴都是美好的最珍贵的回忆。

童年趣事

陈星羽

在《从百草园到三味书屋》中，百草园就曾是鲁迅的乐园。而在我的老家，也有一个大后院，小时候那里就是我的乐园。

以前，每天最盼望的就是与爷爷、哥哥漫步在这乐园中。

黄昏的时候，只要一听到后院铁锁开的声音，我便会急匆匆下楼，与哥哥和爷爷一同去后院玩耍。

推开铁门，映入眼帘的便是成片的桂树、翠绿的鹅掌叶和满地的绿草。如果你够细心，还能在丛中寻得几朵野花。各种气味交融着：桂花香、野花香与青草香，满架子的葡萄也鼓得像是要破的样子，散发出一股诱人的香味。沿着铺满鹅卵石的小道走着，尽管那磕人的小石子常常会使你的脚丫发红，但我却总爱去挑战。走着走着，你会发现一棵不高的无花果树,那时我便常常爬到那歪斜的树干上去摘那无花果。虽然摘到的常常是苦涩的,但我的心却无比的甜。院中还有一池的荷花,阳光照耀下那水波粼粼的鱼塘让我神往。

这就是我的乐园。记忆最深处的乐园。

沙 滩

钟铭城

当天空刚刚露出一丝光亮,我们就立刻起床洗漱,来到了沙滩上的观景台。海浪轻轻地拍在细致的沙子上,将沙子冲得漂在水中,使清澈的海水顿时变得混浊起来。

时间一分一秒地过去了,太阳也终于在海平面上露出了一点儿踪迹,灿烂的阳光照在海面上,海水顿时披上了一件赤红色的外衣与此刻赤红的天空相照应。

不远处传来马达的轰鸣声。朝海面望去,一艘艘渔船,有的刚刚远去,有的正往码头驶来,而码头上早已有商人在此等待新鲜的鱼虾。

再看看那沙滩边的海水,此刻已悄悄地退去,清澈的水中,鱼儿在欢快地乱窜,岸上的螃蟹数量虽然很多,但是个头儿不大。不过最重要的不是为了捉螃蟹,而是为了抓螃蟹过程中的乐趣。

很快，海水退去了好多，沙滩露出了一大片，螃蟹到处乱窜。海鸥也在天空中翱翔，时不时窜入水中，当它出水面时口中便会多出一条鱼。

踩在金色的沙滩上，沙子在脚底挠着，软软的，滑滑的，十分舒服。而海浪总是十分的不近人情，总是将走过的脚印给填平。

赤红的天空与海浪沙滩构成了一幅美丽的画。置身于画中，我的身心得到了放松，完全沉浸在这一幅美景之中。

我的小学老师

缪浩东

在我的小学老师中我印象最深的是微机课的老师——林老师。

林老师身材高大,胖乎乎的脸上有一对时常眯起来的眼睛,一头乌黑的头发,更衬托出他的憨厚。严肃起来就像一名受过严格训练的军人。他的睫毛稍长,眉毛浓重得像两个纯黑的月牙儿挂在上面,两边的眉毛是连起来的,俗称"连心眉",眨眨眼,眉毛就像一波波的浪花"翻腾"着。

别看林老师胖乎乎的,跑起来可不是闹着玩的。安排学生在班级门口排好队伍后,他便一路跑去电脑室了。有些同学跟紧了就到电脑室,那些分神了的同学就"迷路"了,还得派一支"小分队"去将他们带回队伍里。

林老师有个习惯,只要有人讲话或不认真,也不点名，只是保持沉默，等到同学们安静下来了再开始上课。林老师有时也会忍不住气，正所谓"是可忍，孰不可忍"。老师用力敲击了黑板，使出了苦练多年的"河东狮吼"。"安静！有完没完了！"有些同学被这洪亮的声音震住了，有几个话多的还在底下评论："微机老师一声吼，地球也得抖三抖。"全班顿时哄堂大笑。

"你们干什么！这是课堂！"老师吼道。老师涨红了脸，一根青筋从下巴连到脖子，头上豆粒大的汗珠细密地渗出来。不过，过了一小会儿，原本像愤怒的野牛盯着一只只小狼，现在就和和气气地说："好了，继续上课。"

这就是我的小学老师。

春　雨

陈舒红

春天到了，万物复苏，春雨也随之而来了，飘飘洒洒的雨，迷迷蒙蒙，淅淅沥沥。天地万物就像一朵朵斑斓的小花在细雨中绽放。

在这样的季节里看雨，真是人生的一大享受啊！在微风的轻抚下，雨似乎变得更加柔和了，给大地罩上了一层细沙，朦朦胧胧的，使大地更加美妙了。雨点打在绿芽上，花骨朵上它们摇头晃脑的，似乎在迎接春雨的到来，跳起了轻盈的舞蹈。

雨像是断了线的珠子一样，掉在地上发出"滴答""滴答"的声音。那门前的池塘上像是挂了无数条银线；又像是一个调皮的孩子，在荷塘上玩耍，荡起了那一圈又一圈的水波。

雨又落到了窗上，敲打窗前的玻璃，透过玻璃，窗外的一切显得那么朦胧。

那个顽皮的雨孩子又在绿叶上留下了晶莹的水珠。马路也被它冲洗得干干净净。小草也被它唤醒了,伸了伸懒腰,冒了冒头,吮吸着那甘甜的雨汁。河边路旁上的柳条也长出了新芽,在微风中起舞,舞姿曼妙,婀娜多姿。

雨后的一切都在阳光下闪闪发光。

迷人的四季

阮依南

四季就像五线谱上的音符，时而高时而低，每天都奏响着不同的乐曲，我深深地陶醉在歌曲之中。

春，生机勃勃，万物复苏。迎春花张开了手臂，欢迎春天的到来；蝴蝶花展示着自己艳丽的服装，点缀春天；山茶花争先恐后地放开，别人看不到它艳丽的舞姿；牡丹花好像仙女一般，悄然莅临人间。春天的花数不胜数，每一朵都是那么的耀眼。

夏，烈日炎炎，骄阳似火。太阳火辣辣地炙烤着大地。蝉躲在阴凉的角落里"知了知了"地向老天发出一声声的抗议。荷花在水上尽情地舒展着自己的腰身，向日葵也面对太阳绽放出了灿烂的笑容，喇叭花也举起了自己的喇叭，奏响夏日的进行曲。

秋，天高云淡，瓜果飘香。菊花在秋风中尽情地绽放着。原野上一片金黄，果树上飘来阵阵的清香。秋风阵阵地吹，树下的落叶就像黄蝴蝶一样到处飞翔。

　　冬，白雪茫茫，银装素裹。一片片雪花都悄然莅临人间，落在松树上，远远看去就像一个个戴帽子的少女。无论下多大的雪，松树都还是屹立在雪中。

　　一年四季，每个季节都有各自的特色。我深深地陶醉在这四季中。

我 的 家 风

谢雯羽

"百善孝为先",千百年来这是中华民族的传统美德。短短七笔的字,却包含了深刻的意义。"孝"字,上为老,下为子,意思是子能承其亲,并能顺其意。从记事开始,妈妈就一直这样对我说,并用行动向我叙述了"孝"的含义。

每天晚上睡前,我都会在床上看会儿书,而妈妈总是会打个电话给外婆。这么多年来,我一直看着妈妈每天打电话给外婆,从未间断。"妈,你们那儿今天应该很冷了吧?我们这儿都盖棉被了呢,记得多穿点……"妈妈说。等妈妈挂断电话后,我放下书,好奇地问:"怎么每天打一个电话给外婆,哪里来的那么多话说啊?""如果你每天都没和爸妈在一起你不想念吗?你不担心吗?这么说起来也有好几周没回去看看他们了,这个双休日回去看看吧？"妈妈说。

这么多天妈妈都在为回老家的事准备着，每天去菜市场买菜都提回来好多东西：鸡、鸭、鱼、肉……好多好吃的。我以为那是给我买的，开心极了。但到回老家的那天，妈妈把那些好吃的都带上了，拎了大大的两袋子。"妈，原来这是买给外婆的啊？我还以为给我吃。"我嘟着嘴说。妈妈说："好久才回去一次，也不知道买些什么好，看到不错的东西就多带一份给他们吧！"一路颠簸终于到了老家，我被车颠得难受极了，但妈妈却跑得飞快，一下车就朝着外婆家奔去。我叫她慢点，但她好像听不见一样，又加快了速度，我只好忍着难受小跑跟上。

好不容易到了外婆家，我进门向外公外婆打了个招呼就赖在沙发上了。妈妈则冲进厨房，又忙活了起来。外婆见她进来还没有休息又开始洗菜就劝道："你去休息吧，这个我来。""没事儿，妈，你休息一下，我不累。"妈妈边洗边说。赖在沙发上的我很感动，虽然只是一件小小的事，但我却能看出妈妈对外婆的孝心。从小妈妈教育我的"孝"其实不需要感动天地，只是从小事做起。妈妈对外婆的关心仿佛是一横，在买菜时想起父母的喜好似乎是一竖……点滴小事汇聚成"孝"字。

现在的我也像妈妈一样，积极地为长辈做事，愉快地为妈妈分担家务。虽然很累，但我却乐此不疲。这股"孝"的家风，已经弥漫在我的家里，成了我们家世代相传的作风。

我读四季

彭婉婷

大自然是一个神奇的世界,它有着春、夏、秋、冬四个别具一格的季节。想知道我"读"到的四季是怎样的吗?那就和我一起"读一读"四季吧。

春天的大自然是个生机勃勃的小女孩儿。"嘀嘀嘀……"绵绵细雨如织女的织线般往下落,织出了一首春天的交响曲,为大地织出了生机。你瞧,小草们一个个迫不及待地钻出了脑袋,好奇地打量着这个陌生的世界,在微风中摇头晃脑。花儿也向大地绽开了最美的笑容,个个争相开放,姹紫嫣红,为天地增添了几分生机,几分色彩。柳树抽出了新芽,柳枝拂过江面,它正温柔地梳洗着它的长发。小草、花儿、大树它们享受着春雨妈妈送给它们的礼物,穿上了耀眼夺目的钻石衣,在风儿的带领下忘情地舞蹈,真美啊!春雨滴在河面上,荡起一层层的涟漪，小河似乎露出了甜甜的酒窝，甜入人心，醉人心田……

夏天的大自然是个喜怒无常的小男孩儿。夏天的大自然告别了生机，迎来了炎热暴躁。"哗哗哗……"小男孩儿似乎生气了，换来了可怕的雷电和无情的狂风暴雨。暴雨狂暴地打着一切，狂风凶猛地呼啸着，似乎要吹倒一切。雷电不时闪过，震慑人心。大树挺拔地站立，承受着风吹雨打毫不畏惧，好像雨中的军人保卫着这片土地。小草顽强地挺立着，不时有几棵小草被打弯了腰……这会儿小男孩儿又很开心，但却带来了炽热的天气。大地在烈日的暴晒下，滚烫滚烫的，似乎要被烤熟了。叶子厌倦地蜷缩着身子，花儿无力地弯着腰，小狗趴在树下伸着舌头正在散热呢！夏天的炎热热入人心，久久难以消散……

秋天的大自然是个喜爱热闹的小女孩儿。"呼呼……"秋风吹过，秋姑娘来了。秋姑娘唤来了众多秋叶参加舞会。你看，小巧玲珑的枫叶穿着火红的衣裳前来赴约，随同的还有穿着金黄色连衣裙的银杏叶，煞是可爱！还有榕树叶、樟树叶……真热闹。不一会儿，舞会开始了，风儿轻轻地奏起了小曲，树叶沙沙作响为风儿伴奏。树叶们跳起了优美的"舞蹈"，在空中翩翩起舞，有的跳起了华尔兹，有的在空中荡秋千，有的跳起了蝴蝶舞……整个秋天热闹非凡，令人为之欢呼……

冬天的大自然是个内心温暖、外表冷酷的小男孩儿。

寒风呼啸，植物们褪去了往日的盛装，只剩下单薄的衣裳，小男孩儿悄悄地为植物们披上了厚厚的棉衣，为沉睡的大地妈妈盖上雪白的棉绒被，然后一声不响地去往别处。所到之处银装素裹，好一个白茫茫的世界！虽是单调的白色，但细细品味却别有一番风味。冬天冷入人心，却另有特色……

每个季节都是独一无二的，在我眼里各有各的特色。快用你的眼你的耳去"读一读"大自然吧！

独自面对所有事

陈萧萧

曾经有人说过:"在这人世间,有些路是非要单独一个人去面对,单独一个人去跋涉的,路再长、再远,夜再黑、再暗也得独自默默地走下去。"

是啊,人生总有一些事要独自去面对,而不是依赖父母、朋友……我曾看到过一个故事:

一名高中学生在校园里寄宿,第一次在食堂吃饭,他打了饭,其中有水煮鸡蛋,而这名高中生疑惑地看着这颗鸡蛋,然后抓起鸡蛋就往嘴里塞,壳都不带剥的直接硬生生地吞了下去。

我当时看到这个故事都震惊了,这名高中生怎么这么傻,有哪个人直接吞鸡蛋的。

后来有人问了这男生,而这个男生却说:"鸡蛋有壳吗?我在家里吃的鸡蛋都是没有壳的。"后来了解详情才知道这个男生的父母在家都很亲他,就因为他是独生子,所以他要吃什么,父母都剥好、弄好才能给儿子吃。

　　看完了这个故事,我心中不禁感慨:现代社会这类事件层出不穷,父母的这种举动让孩子产生了依赖心理。我就想说一句话:"你们现在这么宠溺孩子,那么他们以后怎么办,未来怎么办,你们又不可能永远陪在他们身边。这样的孩子长大注定一事无成,甚至沦落为'啃老族''月光族',所以从现在开始,开始让孩子学会独立,不要再执迷不悟了。"

　　人生有许多事情要独立面对,不要依赖别人,要做一个独一无二的自己。首先要做的事就是学会独立,在以后广阔的舞台上绽放出一个不一样的你,让所有人仰视你、羡慕你。

和雨聊聊天

校园运动会

黄慕雪

今天,阳光明媚,秋风习习,我们迎来了一年一度的运动会。操场上,已是人山人海、人头攒动,运动员们昂首挺胸、精神抖擞地迈着步,时不时地挥着手,像个大明星似的,仿佛在说:"今天的冠军非我莫属!"每个运动员都想为自己的班级争光,我们班的运动员也不例外。

比赛即将开始了。运动员们个个摩拳擦掌、跃跃欲试。同学们的心情都很激动,有的在操场上到处转悠,观看一些比赛;有的啦啦队正在为自己班比赛的同学加油;有的正拿着手机记录着操场上的一点一滴……很快,轮到我们班比赛的同学了。只听广播里通知:请六(7)班的郭微馨到女子800米起跑线上准备。微馨一听广播,马上准备好,向起跑线那边跑去,她露出了紧张的神情,深吸一口气,貌似想使自己那颗激动、紧张的心稳定下来。

我们班的其他同学也赶紧跑到起跑线旁，为微馨加油。"砰"，随着裁判员的发令枪响起，运动员们像离弦的箭一样飞了出去，如一匹匹脱缰的野马争先恐后地追逐着。见微馨一直位居最后，我们班的啦啦队一直在旁边跟着微馨跑，嘴里喊着："微馨加油！加油啊！"操场上的加油助威声此起彼伏。可啦啦队的加油声并没有使微馨赶上前来，她还是一直落在最后。就这样，第一圈过后，她的手和脚好像都变沉重了许多；第二圈，她满头大汗、气喘吁吁，一颗颗豆大的汗珠从她的额头滴了下来；三圈过去了，微馨的脸色苍白、浑身无力，她累了，疲倦了；到了第四圈，她煎熬地迈开沉重的步伐向终点线跑去，啦啦队和老师看见了，都为她捏了一把汗，连老师也为微馨加起油来，微馨听到了老师和啦啦队的加油声，不想让他们失望，于是更加奋力地跑着，在最后的关头，使出仅剩的力气，向终点线跑去，可最终还是落在了最后。虽然微馨没有拿到一个好名次，但是她坚持了、努力了、拼搏了、奋斗了，这种精神比拿到第一还要珍贵。微馨比赛完后，在我们班的大本营里休息，我们并没有责怪她没有拿到名次，而是在旁边不停安慰她，因为她已经尽力了。

　　时间不知不觉地过去了，运动会圆满地落下了帷幕。这次运动会对我的启发很大，尤其是微馨参加的那场比赛，让我看到了团队的精神，也看到了运动员身上拼搏的精神，不到最后，绝不放弃，这是尤为可贵的。

棚！老！大！

冯佳欣

他，身材不高，已有五十来岁，却从那慈祥的面孔中透露几分孩子气。黝黑的皮肤使他略似"非洲人"，眼睛里还透出一种亲切的感觉，使人忍不住想亲近。他讲话时手总是习惯性地背在背后，好一副威严的样子！没错，这就是我们这帮萝卜头崇拜的"大帅"——夏令营的英语老师，姓棚，同学们都尊称他棚"老大"。

"嗒、嗒、嗒——"棚老师刚踏入班级，全班便立刻安静下来。就这样，开始了老大的自我介绍："我呢，福安市老年大学毕业，简称福安老大。不仅这样，我还是'特急'教师，你只要不服从指令，老大便会把你拉出去'砍头'欸！"话音未落，整个教室就荡漾起一阵又一阵的笑声。在笑声中，我心想：这位老大来历不凡，能否成功带我修仙呢？带着疑问，我开始期待老大的每一节英语课。

　　"哎哟，这天气怎么这么热啊？我们这个地区，天气是不是很热啊？你看。地区不是area吗？分解出来便是'啊热啊'的拼音了，这样就很容易记住了，对不对？"棚老大用幽默的口吻说道。"对。"我们怪里怪气地回答道。竟没想到，如此枯燥乏味的一个单词居然能这么形象地记住，有点儿不可思议。

　　"看我棚式武功之畚斗篇，看见没有，这就是'L'。"只见棚老大拿着畚斗乱舞，哈哈，真逗！老大，你知道吗？我已经把你的"太极音标""棚式拜观音""大鹏展翅"等"武功秘籍"都烙印在我的心头啦！

　　棚老大，虽然你现在没有教我们三班，但我一定会学好英语，像你一样热爱它。老大，请受"小弟"一拜！

成长之灯

林 清

生活中，形形色色的人在我身边出现，继而离去，可以说，几乎所有的人，都不是我的"知心"朋友，唯有和我相处七年的她——郑思彤，她了解我，她理解我，她包容我。郑思彤，她有一头浓密的头发，像是镶了宝石的眼睛让人感觉充满了活力，樱桃般的嘴巴总是挂着微笑，红扑扑的脸颊给人以刚做完剧烈运动的感觉。最与众不同的是她的下巴。她的下巴不像常人那般扁平，反而有些翘起，还很有光泽，滑腻腻的。我曾取笑过她的下巴，然后，她也跟着笑。

窗外的雨还在淅淅沥沥地下着，树上的叶子在风雨中沙沙摇曳着。望向窗外，心里十分不舒服。不知道第几次了，我又耍小脾气，和她闹别扭了。"清玉，清校了。"她还是跟往常一样等我。"关你屁事！"我喃喃了一句，笔盒课本胡乱一塞，头也不回地走出班级。但她还是很快就跟了上来，我们谁也没说话。

回到家，电话忽然响起来了，我心烦意乱地接了电话，话筒里传来熟悉的声音："你的练习册没有带回去，我现在在你家楼下。"我吃了一大惊：现在外面在下暴雨，她竟然冒着那么大的雨把我的练习册送过来！不知道我是该感动还是什么，毕竟我们吵架了呀！

门外，她怀抱着我的练习册一只手打着伞，她那长长的睫毛上沾上的雨水还未滴下，鬓发也湿了，背后湿了一大片，可即使这般狼狈了，怀中的练习册却滴水未沾。

"快进来吹一下吧，别感冒了。"淡淡的一句话，她笑了："没事儿，我身体强着呢。"我撇了撇嘴，有点儿不明白，她为什么对我那么好。每一次吵架，都是我先引起的不愉快，每一次吵架，都是她先主动化解的，每一次吵架，她都会包容我的任性，哪怕我是在鸡蛋里挑骨头。我们一次次争吵，她一次次容忍我。现如今，我们两地分"读"，我不能再肆无忌惮地发我的小脾气，她也不能包容任性的我了。在漫长的岁月中，我似乎因为她的原因而把我的坏脾气收敛了一点儿，这对我往后的生活是有出乎意料的帮助的。

如果说母亲是我的第一盏导航灯，老师是第二盏，那么，我觉得她，郑思彤，是我人生中的第三盏导航灯。

军 训

缪亦涵

军训是令人恐惧的，可是更令人恐惧的是天气。为期三天的军训就刚好占据了"天时地利人和"，三天都是艳阳高照的"好日子"，其他的不用说，没累死就不错了。

若要问第一天军训的感受，不必多说，必然是一个"累"字了得。早上一起来，太阳好似打了激素似的六点半准时上岗。天上的云都躲了起来，生怕太阳的光和热刺伤它。

早晨，太阳便马上展现出了它的"英姿"。集会犹如铁板烧，排队好似串串烧。集会时还能借机动动身体，可是站队列时就没有那么舒服了。

今天我特别"幸运"地站在了队伍的最前面，为后排的同学充当"太阳伞"，遮挡了后排的热气。一抬头太阳正对我的头顶直线"烧烤"，流汗是不可避免的。当一滴滴的汗水从你的体内奔涌而出时，你才能真正感受到"激情"与"热量"。时间一分钟一分钟地过得很慢，可是身上的汗水却可以用来洗衣服和裤子了。校服和校裤紧紧地贴在身上，粘得不可开交。额头上大滴大滴的汗珠往外冒，只有一个"热"字能形容。

随着时间的流逝，"光荣牺牲"的人越来越多，队列人数也越来越少。原来协调好的方阵马上脱了水似的，变小再变小。可是我依然战斗到了最后。

经过一早上的考验，下午"牺牲"的人越来越少。通过这次的军训，我们养成了吃苦耐劳的好习惯。这次军训使我受益匪浅。

黑色的身影

林清玉

他,远远望去,全身上下黝黑的皮肤与一身乌黑的军装融为一体。他,满脸沧桑,仿佛世间所有的风吹雨打都写在他脸上。他,就是为我们军训的教官。

军训刚开始,每个班的教官都走向自己的班级,说着军训的纪律。骄阳似火,毒辣的阳光直射在地面上,已经撑了几十分钟的我们早已汗流浃背,身心俱疲。我们的魂早已飞到九霄云外去了。"立正!"教官如洪钟的声音吓得我们的魂全都飞了回来。教官一来就给了我们下马威,我们才注意到这个黑色的身影:如同一棵饱经风霜但仍然挺立的松树站在我们面前;又粗又长的手臂似乎一抬高就能抓住天上的云彩;炯炯有神的眼睛藏在乌黑的帽子下,如同见到一群恶狼似的看着我们。

教官让我们顶着烈日军姿站十分钟。刺眼的阳光好像是教官请来坑我们的,不一会儿,几位体质不好的同学就已软绵绵地走到墙下强忍住不争气的身体接受治疗。两位同学吃了熊心豹子胆,在教官眼皮底下窃窃私语,教官铆足了劲在他俩耳朵上各弹了一下,差点儿让他们唱起了"男高音"。

熬过了烈日和教官的魔鬼训练,同学们有气无力地走到了墙下,"咕咚咕咚"往自己肚子里灌着大口大口的水。累得半死的我靠在墙角往右边一看,发现教官手靠着墙,脸朝着地,难受地干咳着,累糊涂的我这时才明白,教官为了我们能在三天后的集会上有个好成绩,忍着烈日和身体的不适,撑到了现在。

三天后,军训结束了。不负众望,我们终于拿到了一等奖。教官的声音哑了,但我们大家和教官的努力没有白费,一脸严肃的教官也欣慰地笑了。

爱画画的女孩儿

林郁雯

那个爱画画的女孩儿——陈晴。

她,水汪汪的大眼睛,放射出天真的光芒。如果她做了错事,看到她无辜的双眸,一定会软下心来。她的睫毛长长的,让她的眼睛又显得炯炯有神,美丽的眼睛真让人羡慕。她的鼻梁挺在一对眼睛中间,成了她脸上"一道亮丽的风景线",使她的五官更加的立体。她那樱桃小嘴,粉嫩粉嫩的,能唱出优美的歌声,能说出搞笑的话语,还能说出让人心暖的话。一微笑,便露出了整齐的牙齿,让人想去抱抱她。

她有一头乌黑且带些自然卷的秀发,蓬蓬的,还散发着淡淡的清香。小麦色的皮肤,让她显得更加健康。她个子小小的,让我产生了一种想要保护她的欲望。

她有着同我一样的爱好——画画。她画的人物、风景更是美丽，让人无法觉得她会没有学过美术。

我喜欢看她画画的样子，坐在桌前，拿起铅笔，长长的睫毛在灯光的照射下，仿佛披上了一层银色的轻纱。笔在她的手中跳起了优美的华尔兹，笔下的线条勾勒出美丽的夕阳。她时不时地看着窗外，那忽起忽落的小鸟不知什么时候飞进了画册。这让图画又多了几分韵味，让我仿佛走进了画中。看着美丽的夕阳，轻盈的小鸟，让人心旷神怡。

陈晴，一个美丽的爱画画的小姑娘，我很期待与你共度未来的三年噢！

都是背书惹的祸

林凯悦

今天老师又来玩新的游戏啦!可我还是忐忑不安,不知道老师葫芦里卖的什么药。

我们怀着既兴奋又恐惧的心情,跟着老师进入了今天的游戏。

老师点开了显示屏上的游戏规则,什么!要背诵《安塞腰鼓》!不会背就要挨戒尺一打!唉,面对着老师那不怀好意的笑容,我又那么懒,看着如"列车"一般长的文章,我的心已如同无数的乱蛙跳过一般,情不自禁地就伸出了我的手。没事,反正我的这只手已经"久经沙场"了,这区区一战,可以难得了我吗?仔细想想,还是算了吧,赶紧利用好这五分钟,让我的"老干将"——手,休息一会儿吧!

五分钟过去了,老师递给我们一张白纸,妈呀,不会是要抽奖吧，我一见状，立刻把纸条折得小小的，然后悄悄地放在盆里，不想被老师发现，可被他那火眼金睛看到了。啊，还是逃不过早已安排好的命运。

老师开始了，他的手往盆一摸，举起了一张纸条，眯起眼睛一看，又瞥了林致浩一眼，然后就悄悄地把纸条放下了。把林致浩吓得，连忙扑到陈胤元的怀里，大家个个胆战心惊，生怕抽到自己。我倒是平淡无奇，没有事的啦，我的"老干将"它九死一生（被打过九下软尺，现在回忆，那酸爽可不是老坛酸菜牛肉面能替代得了的），可是，如果我不能背完，又对不住跟我拼搏多年的"老干将"，怎么办？就在我犹豫之时，老师以迅雷不及掩耳之势，抽出了一张，"嗯——邓智予！"顷刻间。"耶！是邓智予！"全班鼓起掌来，我们都侥幸逃过了一劫。

后来，老师抽了三次，分别抽到了三个不同的"幸运儿"，幸好我没"中彩"，不过我知道了做事不能鱼目混珠，不能存在侥幸心理。唉，都是背书惹的祸！

诚

王子元

"诚"是一个人值得恪守一生的优良品质；诚信，也是我们家族每个人的座右铭。

外祖父是一个农民，他始终遵循诚以待人的道理，除了平日里不断教育我们要讲诚信之外，他更是以身作则，实实在在地践行着诚信。

曾几何时，外祖父还是青年，挑着面去加工厂回收，两担面，一百七十五，不料收款员竟然多给了一百元。一百元在现在就已经不是小数目，在当时更是足足可供一家人吃上许久了，何况外祖父也并不富裕！要在一般人，是连占为己有都来不及了，而外祖父，秉持以诚待人的外祖父连想都不想就将钱还给了人家。收款员哆哆嗦嗦地接过钱，仔细地打量着外祖父——这看似平常的人，竟有着如此之大的精神魅力！

于是，当下次外祖父再去回收面条，并像往常一样点清钱数时,那收款员信任地摆摆手,笑了。这便是对外祖父诚信品德的最好肯定。

诚,不但是在利益上的操守,还是在学业上的尺度。

母亲是深得外祖父教训的人之一,一向提倡诚以立世。母亲曾经参加自学考试,当别人随便花上几千元买文凭的时候,母亲还在日复一日地读书,复习,准备考文凭,连一点儿空余时间都没有。也有人说母亲不灵活变通,自己苦自己。母亲不以为然:我的文凭是自己的,是真实的,你们的呢?

诚,不但是在学业上的尺度,还是在生活上的准则。

我有一个座右铭:诚以修身。一次,我的数学得了一百分,然而仔细核对过答案后发现竟有一个数字写错了,老师没有发现。我忖度着,是诚信重要,还是不真实的浮名重要?是坚持一贯的作风,或是退而求其次苟且偷安?我固然知道那是好不容易得的一百分,是我的财富;然而我又知道诚信是一个人一生的财富,一旦丢失,就再难重新拾起。回想起诚以待人的外祖父的操守,母亲诚以立世的法度,我终于勇敢地上报了老师。于是,少了一个一百分,但诚信却不曾缺席。

诚,是利益上的操守,是学业上的尺度,是生活中的准则,是为人处事的大道理呵!

此后,每当遇到诚信大关,我眼前总浮现出外祖父毫不犹豫地归还财物的场景,以及母亲自考文凭日夜苦读的身影,它们时时激励着我,警醒着我,融入我的血液中去。

官浦的油扇传人

陈士源

福安,是一个民间艺术之乡,有着"刘解放根雕""珍华堂银雕""洋西火炕"这些艺术品,其中,我最喜欢的却是一把扇子——官浦油扇。

星期六,我一反睡懒觉的常态,一大早便起来,硬是把正在睡觉的外公拉去官浦村。三十分钟后,我们出现在村口,一路小跑,直奔官浦油扇的传人家——刘叔叔家。

一进门,我十分惊愕——人山人海,我挤都挤不进去呢。看来这些游客都是来看刘叔叔做官浦油扇的,可是这个人又不出名,怎么会吸引这么多人呢?

为了更好地一探究竟,我硬是用自己肥胖的身躯挤进去,当我挤进去时,正好开始制作官浦油扇了。

他先把竹子按两个竹节分好,堆在一旁备用,再把单一节竹子分成一条又一条又细又长的小竹条。我摸不着头脑了，没事把竹条分开干吗，不该围成圈装上吗？

一问叔叔我才知道，因为要分成细条才能贴上棉纸、作画，扇子才能完成。难怪呀！一回神，发现叔叔又开始制作了。刘叔叔在干吗呢？原来是在"剥竹篾"呀。他先用小刀剥开一个头，小刀顺着道滑了下去。

在这一步中，最让我印象深刻的就是"开竹结"了。只见刘叔叔用大拇指抵住小刀，左手摆好竹子，右手向上一挑，只听"咔嚓"一声，竹结打开了。小刀又行云流水地滑了下去。刘叔叔的动作，眼花缭乱，我们不禁目瞪口呆，赶紧鼓掌。在经历了这么多步骤后，终于把骨架做好了，开始贴棉纸了。

贴棉纸的技巧十分困难，又不能让胶水过多，纸张过多，不然会皱起来，这一切十分困难。然而刘叔叔毫不慌张，刷上胶，贴上纸，一切十分迅速。哇，浇胶水十分干净，纸也不会发皱。刘叔叔真是技巧高超呀！刘叔叔拿好了颜料，先画了一枝枝干，又换了一种颜色，大手一挥，一朵又一朵迎风傲放的蜡梅便出现了，真是栩栩如生呀！想不到刘叔叔做工一流，画工也不赖呢。画好了画，再刷上油，总算完成了，仔细端详，令人爱不释手。

福安真不愧是民间艺术之乡呀，从官浦油扇传人刘叔叔身上，我感受到了一种独特的艺术魅力，一股敬佩之情油然而生……

和雨聊聊天

王子元

檐溜正滴答滴答地响着,为梦打着柔和的节拍,帘外,蒙蒙细雨笼罩着的世界是那么的迷蒙……我伸手接下一滴雨,想跟它聊聊天。

雨滴埋怨着:"呀,你为什么把我接住?我要回到地面上去,草干渴的喉咙等着我滋润,花娇艳的身躯等着我滋养,还有这个腌臜的世界正等着我洗濯。"

我说:"你从高空摔落,难道不疼、不累吗?何苦这样?"

"我们从江河升腾到空中,又从云层里降落,是多么不容易。可是,在江海的波涛里,随波逐流,又能怎样?我们生来总是要干些什么的,不然又为什么要白白地走一遭呢?总是随波逐流地苟活,那活着的意义何在?何在!"雨滴激动了,滚来滚去又说:"你害了我呀,一会儿天放晴了，太阳出来了，我的生命就要结束了。唉，生命，短暂的生命！"

我紧张了，拿了一个保温盒，说："进去吧，我会好好保护你的。"

雨滴更加激动了，几乎要滚下去："生命的意义何在？我们生来就应该滋润万物，融化在泥土里，那才是雨的归宿，归宿！我不是享福于保温盒里的腐水！不是！人类终究是不了解我呀！"

我望着它通体澄莹透明，圆润光泽，一时竟无语凝噎。

死寂。

只有雨滴洒落地面的声音。

雨滴又开口了："什么是永生？将自己奉献给万物，这才是永生。"

我捧起它，雨滴说："来世再会……"我望着它，突然说："来世，我也要做一滴雨，与你们一起滋润万物，奉献自我！"

无数的雨滴落在地上，绽放出一朵朵雨花，我知道，那是奉献之花，是生命之花。

花　　香

余婧一

儿时我是个不良少年，坏事做尽，淘气顽皮，可那次的经历让我改变了。

月光笼罩着整个小镇，风不停地戏弄着树叶，摇曳地发出响声。

我走在大街上，急促的脚步证明了我的不安。路上行人的一举一动仿佛都是对我的讽刺。我把手插进口袋里，紧紧握着那一张假钞。不断地行走着，在整个街道上徘徊，不知该如何下手。

突然闻到一股沁人身心的芳香，循味找去，是一家温馨的花店。店主在与她的朋友交谈。我走进这家店，正在迅速地环顾四周，突然与店主的目光相交在一起，刹那间整个人就像被高温烫过的玻璃一样。店主向我走来，亲切地问："请问有什么可以帮助您的？"

我背过脸去说:"那……那个,买、买买……"花字就挂在嘴上却怎么也说不出。

"哦,好!请问需要哪种花?"

我整个人就像一根筷子,僵硬地随手一指:"就、就这个吧!"店主将花剪下,一朵一朵细心地摆好递给我。我连忙将假钞塞在店主手中,那张假钞就像湿巾一样,上面充满了我的汗液。店主依然还是微笑收下了。

当我正要转身离去时。"最近假钞很多,先验验吧!"说这句话的正是店主的朋友。我的心一下提到嗓子眼儿,脸像熟裂的苹果一样透红。整个人停在那里,两眼直勾勾地盯着店主手中的假钞。店主打破了这个局面:"花是纯洁的,我相信买花的人也是纯洁的。"这句话打动了我的心灵,我将花放下。一把夺过店主手中的假钞,拼命地向门外跑。脑子中浮现的是自己做过的种种恶事。

在微风中,我将假钞撕得粉碎。但不知为何,觉得身边还是充满了花店里的花香……

亮　剑

王思勤

2015年的寒假注定是一个非比寻常的假期。因为我要备战第四届中国汉字听写大会的缘故，整个假期就和字典捆绑在了一起。读字典成了我生活的主旋律，每天的必修课。

"当……当……当……"十点的钟声已经敲响。夜深人静，一盏台灯，一本字典，一个孤独的身影。寒冷的冬夜我在"词山句海"中艰难跋涉，困意如潮水一般向我涌来，我努力睁大双眼，一个个枯燥无味的词条恶狠狠地将我包围，那仿佛不是一个个字词，而是一群面目狰狞的魔鬼，我分明看到那魔爪闪着幽蓝的光。我想将它们塞入那近乎麻木的大脑，它们却那么顽固，那么桀骜不驯，迟迟不肯就范，每记下一个词似乎都要费尽周身之力。一天读一百页词典的任务，还剩下五分之一没有完成，今天的任务无法按时完成将意味着明天的任务更为繁重。我只觉得心头一阵刺痛，我无端地想到了孤岛，一个即将被海水侵蚀的孤岛。几滴冰冷的泪无声地滚落在书页上，慢慢地荡开，荡开……

即便这样努力，这样劳累，成绩依然不理想。每天一次的小测，我只能眼睁睁地看着队友拿第一，自己却整天拿倒数第一。

我仰头问苍天："我为什么这么笨？"

寂静。

我低头问大地："我为什么这么笨？"

沉默。

突然，眼泪夺眶而出。虽说男儿有泪不轻弹，可我不想制止，任"飞瀑"倾泻而下。一个声音在耳畔响起："放弃吧，何必这样折磨自己呢。"一个声音在心底高叫道："不，我不能就此认输！我不能就这样被自己打败！一个剑客不管碰到多么强大的对手都要敢于亮剑！"李云龙的队伍能打胜仗，是因为他们有着亮剑精神——意志坚定，勇敢顽强。痛定思痛，我决心奋力一搏。

接下来，我起得更早，睡得更迟，并且改进了方法。都说好记性不如烂笔头，我把难记的词条抄下来，记在本子上，反复记忆。电视，不看！郊游，不去！我争分夺秒地读着，读得似乎走火入魔了，坐着看，站着想……我还勉励自己：在成功的道路上你没有耐心等待成功的到来，那么你只好用一生的耐心面对失败。

　　终于，功夫不负有心人，我摘掉了倒数第一的帽子，我的测试成绩一点一点地进步了，这给了我很大的信心。在最后一次的字典测验中我超过了队友们，得了第一名！手里捧着测试卷，我百感交集，我为自己骄傲，为自己喝彩。是的，困难总是难免的，关键在于你选择亮剑，还是求饶。

"榴莲"鞋

林凯悦

在我六岁那年,在部队的舅舅回来探亲,给我带了一个"巨臭无比"全身长刺的礼物——水果之王榴莲。

趁着大人们不注意,我细细地打量起来:这个榴莲硬邦邦的,长满了刺,这该怎么吃?难道要整个连壳一起吞下去吗?不能,要不然我的肚子会破掉的……我都不敢想象。

满怀着疑问,舅舅过来了,抓起榴莲,用力一掰,顿时,整个榴莲像鲜花一样绽放开来,那黄湛湛又好吃的果肉,瞬间映入我的眼帘,那叫一个字:香!

品尝好了鲜美的果肉,看着榴莲皮外面的刺,我一个主意冒上心头,于是我说:"我们可以做一双'榴莲鞋'啊!"一提到搞怪小玩具,妹妹也开心地说:"我知道,是要用榴莲皮做吧?"妹妹的搞怪小因子也被我调动起来了。舅舅也很赞同我的想法，提供大力的支持，一切我们难以完成的部分，舅舅帮我们一起完成。

说干就干，我和妹妹都把自己最喜欢的鞋子贡献出来，在鞋底涂上超强的502胶水，把榴莲皮粘在鞋底上，舅舅还帮我们把多余的榴莲皮用刀裁了，就这样，两双有"钉子"的鞋就做好了。

等晾干了鞋子，我和妹妹迫不及待地穿上了，想出去炫耀我们的"钉鞋"，可谁知一穿上鞋子，因为榴莲皮高低不平，我一个重心不稳就摔了一个狗啃泥。好不容易和妹妹掌握了平衡，我们在舅舅的带领之下就这样一脚高一脚底地向超市进发。结果因为那天超市人很多，我们在买单的时候被前面的顾客一顶，一不小心把在我后面的阿姨的脚给踩了。虽然我人小踩得不疼，但却把阿姨的袜子给勾了几个洞，我吓得躲到舅舅的后面不敢出来，最后我们赔给阿姨一双新袜子。

袜子事件后我们再也不敢穿榴莲鞋了，过了好久我才又想起我的榴莲鞋。可是榴莲皮干了，它太爱我的鞋底了，把我的鞋子都挤到一起，连鞋底都崩开了。我最爱的鞋子毁了。我哭着去找妈妈，心想：现在把鞋子弄坏了，一定会被妈妈念"紧箍咒"。谁知妈妈听了，夸我的想法有创意，还告诉我在跑步比赛中，运动员都是穿鞋底有钉子的鞋，防止跑步时因为地滑而摔倒。但是一切还要以安全为主。为了鼓励我的创意，妈妈还给我买了新鞋。

现在，我每一次看见榴莲，就会想起童年的那件糗事，它不但给我留下深刻记忆，更让我懂得了无论做什么事情都要经过深思熟虑，还要大胆地创新。

难忘的一次溜冰

刘 颖

"锲而舍之,朽木不折;锲而不舍,金石可镂。"这句古语告诉我们:做任何事都不能半途而废,要坚持到底。每当我看到这句话,就会想起那天与溜冰鞋较量的经历……

记得那是在暑假发生的事。那天,天气炎热,天上的太阳放肆地散发着它的光与热,将大地炙烤着。我闷在家里,倍感无趣。忽然心血来潮,想去溜冰了,便缠着爸爸带我去,经过一番软磨硬泡,终于成了。

来到溜冰场,看见那些人在溜冰场上轻快地滑行着,动作行云流水,我一下就激动了起来,迫不及待地穿上溜冰鞋,一把跳了上去。可还没站稳脚跟,便摔了一个"狗啃泥"。站在边上的人见了,纷纷哈哈大笑起来:"小鬼头,你是表演杂技吗,不会溜就别溜嘛,多丢人啊,哈哈哈……"听了这话，我仿佛收到了"一万点暴击"，但我不甘心就这样回去，就站了起来，慢慢地往前移动。可好景不长，没滑几步又与大地妈妈来了个亲密接触，我失望了。脱下溜冰鞋往地上摔："我不溜了！"

这时，爸爸走了过来，蹲下身捡起溜冰鞋，整齐地放在我脚边，语重心长地说："刚才是谁说要来的？怎么，这一个小挫折，几声嘲笑，就把你的信心弄没了？那你也太脆弱了，坚持就是胜利！"

我暗自琢磨了下爸爸的话。是啊，我可不是那么脆弱的人！于是我重整旗鼓，再次穿上溜冰鞋，踏上奋斗之路。我首先观察溜冰场上的高手们是怎么做的，发现他们都是身体前倾，双手摆动以保持平衡。我也依样画葫芦，第一次摔倒重来，第二次摔倒重来……经过无数次的摔倒，无数次的爬起，我终于学会了！滑行在溜冰场上，我仿佛是一只自由的小燕子，轻盈畅快，成了溜冰场上一道亮丽的风景线。这时，我望向了爸爸，看到了他眼里的赞许，听到了那些嘲笑我的人的惊叹，我的心里美滋滋的。

一次溜冰，让我感受了失败与成功的滋味，而这些记忆都会是我宝贵的财富。

秋天让我陶醉

刘 颖

"停车坐爱枫林晚,霜叶红于二月花",秋天如枫叶一般红火;秋天如果实一般十里飘香;秋天如花朵一般充满阵阵香气……

走,我们去街道旁看看。街道两旁,一棵棵枫树正挺立着身姿,像在站岗保护人们的军人。树上的叶子被那秋风吹得涨红了脸,"咯咯"地欢笑着,也许是笑得太欢,从树上跳了下来,躺在地上一边打着滚儿,一边笑。不一会儿,便把道路铺成了金色,远远望去,犹如刷上了一层油漆,金黄的,火红的,闪着光芒。啊,秋天的枫树让我陶醉!

走,我们再去花园瞧瞧。刚到花园门口,一阵花香扑面而来,沁人心脾。是什么花的香呢?我走进一瞧,哦,原来是菊花的香味。花开得烂漫,让人看了很有精神。那花瓣宛如一只只小手,拥抱着秋天。啊,秋天的菊花让我陶醉!

走,我们最后再去果园望望。别人都说:桂花飘香十里。而我还来到果园,那果香便香飘十里了。走到果园,我眼前一亮,那水果,一个个肉丰汁足,看着就让人垂涎三尺。秋风吹着,苹果穿上了红棉袄,葡萄脱丢了绿薄纱,穿上了紫长袍,告诉人们:秋天来了,天气凉了,果园丰收了。啊,秋天的果园让我陶醉!

秋天,安静、秀美,而又有些热烈、凄凉。

秋天,一片丰收的景象,一片金黄的颜色。

秋天,让我陶醉!

在碗中盛开的白莲花

期末复习交响曲

游浚杰

前　奏

逝者如斯，时光就如白驹过隙般，转眼即逝。紧接着，就迎来了残酷的期末复习。

第 一 曲 段

"丁零零——"放学的铃声回响在我们这些"可怜虫"的耳边，我们多想像孙悟空那样一个跟头翻回家呀！可是老师还没布置作业，谁敢开溜？我们无可奈何地等待着，仿佛是等待最后的"宣判"，但"法官"却迟迟不来。"哎呀，大事不妙！来了……"一位同学大声喊道。

是谁？是哪位恩师准备向我们放"冷箭"？只感觉一股寒气渐渐逼来……只见语文老师与数学老师同时走进教室内。不好！语文老师正"张弓搭箭"，蓄势待发。她先冷眼环顾四周，待众人皆作鸦雀无声状，才慢条斯理地"射起箭"来。"欸！"同学们齐声哀鸣，这一箭正中靶心！作业好多呀！把我的心也射成了两半，悲哉！

语文老师走后，数学老师郑重其事地走上讲台"发号施令"。这时，同学们个个无精打采，陷入了"半昏迷"状态，哀哉！突然，突然耳边一阵阵欢呼声，弄得我丈二和尚——摸不着头脑。再定睛一看。"哇！"我大声喊道，原来黑板上写着：数学，练习册中的期末测试卷。哇，这么少！亲爱的数学老师，您太仁慈，太伟大了！我们对您的感激之情如滔滔江水，连绵不绝……

第 二 曲 段

语文、数学作业布置完了，大家纹丝不动，等待最后一支"英语箭"到来！10、9、8、7、6、5、4、3、2、1！第二段乐曲，即将开奏！只见英语老师将"箭"都换成了"重型机枪"，来势汹汹，令人望而生畏。"嗒嗒嗒……"密集的"子弹"倾泻在黑板上，把黑板都给射"糊"了。谁都不忍去看那"伤痕累累"的黑板，作业太多了！"啊……"这声音久久地回荡在教室内，蕴含着几多幽怨、几多悲哀、几分无奈。老师！可怜可怜我们吧！

第 三 曲 段

英语老师扔出了最后的"手榴弹"："快，拿出英语课本来背！"这枚"手榴弹"把同学们"炸"得快要崩溃了，只会喃喃地说出两个字："什么？"这时，我似乎听到了同学们那深沉的叹息、伤心的哭泣、激愤的倾诉、倔强的呐喊……只有经历过如此的折磨，才能听到，才能感受到……

尾 奏

亲爱的老师们，请你们高抬贵手，少布置点儿作业，少给我们一些压力，什么时候才能真正听到一支快乐轻松的乐曲呢？

幸福的三轮车

李世玉

我小的时候,奶奶总踏着三轮车载我去学校,我看着沿途的小花小草渐渐凋零、枯黄,再发芽生长……日复一日,年复一年,奶奶的三轮车陪伴我度过许多个清晨傍晚,直到那一次……

那天,由于起晚了,我匆匆忙忙地赶到学校,同学们都指着我,笑嘻嘻的,用充满了嘲讽的语气在那里议论。我侧耳一听,原来,奶奶一不小心把我的衣服给穿反了,看起来十分滑稽。我一下涨红了脸,别扭地扯了扯衣角,心里不断地责怪着奶奶。

放学以后,奶奶像往常一样一边蹬着车一边问我中午想吃什么,我一想到早上的丢脸场景,就没好气地哼哼了两声。后来爷爷从老家过来了,他问奶奶把我照顾得怎么样,我抱怨了一大堆:奶奶煮的菜不好吃;奶奶骑车太斜,影响我背书;奶奶太吵,影响我写作业……后来爷爷将奶奶骂了一通,我得意极了。

第二天放学后,都清校了还不见奶奶的身影,直到天已完全黑了我才被接回家。妈妈说,奶奶回乡下帮爷爷种地去了。我望着空空的座位,心里不禁涌起微微酸涩。我打了一通电话,想劝奶奶回来,可是她却说,她老了,载不动我了。我忽然觉得奶奶对我冷淡了许多,也意识到了自己是真的伤了她的心。

是啊,奶奶有什么错呢?每天天都没亮地起来做饭,明明一把年纪了却还每天风雨无阻地送我上学……

奶奶走后,我便每天自己步行去上学。每每看见沿途开得旺盛的小花小草,每每看见角落里积满灰尘的三轮车,便想起奶奶那慈祥的脸。我后悔极了,心里有无限的愧疚。

就这样过了几天,我独自一人回到家中,听见厨房里杂乱的声响,突然福至心灵跑了过去,那个在灶台前忙碌的身影是那样熟悉。我的眼泪终于禁不住流了下来——奶奶回来了!

"奶奶,对不起……"

声音很轻,不知奶奶听见没有,但是却充满我的歉意。

自那以后,我懂得了珍惜,珍惜眼前疼爱你的亲人,理解他们的好意,不要将他们推开,因为当有一天他们再次被你推开时,就可能,永远回不来了。

"一屋不扫,何以扫天下"

陈彦宁

"一屋不扫,何以扫天下。"这是在看名著时,让我感慨的一句话。其中,因为这句名言所引发的事情让我难忘。

当我在大声朗读这首诗,感受其中的豪迈气概时,父亲也走进来了,说道:"对啊,一屋不扫,何以扫天下,所以赶紧去扫地吧。"这跟扫地有什么关系?可是父命难违啊,我只好乖乖地去扫地了。

(五分钟后,老爸来视察。)

"一桌不擦,何以擦天下。"

擦桌子和天下又有什么关系?况且我跟天下又有什么关系呢?可是,父命难违,我只好忍了。

(五分钟后,老爸又来视察。)

"一被不叠,何以叠天下。"

不是吧，我这桌子还没擦完！我说老爸你要不要这样举一反三啊！

（五分钟后，老爸再次来视察。）

"垃圾不倒，何以倒天下。"

天呐，还有呢！我灵机一动，想到老爸平时最害怕英语，便脱口而出一句英文。"叨什么叨，还不快倒垃圾去。"老爸自知理亏，加大了嗓门。我将脸转向了在厨房忙活的妈妈，发现妈妈也在一旁偷笑："还不快倒垃圾去。"

倒完垃圾回来的时候，我对妈妈喊了一声："什么时候开饭呀？""一碗不端，何以端天下。"我一下瞪大了眼，妈妈怎么也学会了这句名言！在一旁看报纸的老爸笑着对妈妈说："英雄所见略同！"我内心暗暗叫苦，但也只好灰溜溜地进了厨房。

唉，真是一句名言引发的"灾难"啊，老爸老妈举一反三的能力也太强了，以后可不敢随便念了。现在想想都还有些后怕呢！

说　泡　姜

陈士源

在福安，你可以不知道"三贤"，但是，连"糖醋泡姜"都不知道，你就不算是个地道的福安人。

糖醋泡姜，可是这一带的"地头蛇"。只要走到汽车站前的那条路，就可以看到一整条街上都是卖土特产的店铺啦！生意十分火，虽然只有四样商品，但是个个在外都是响当当的：好吃的穆阳烤肉，酸酸甜甜的潭头李干，颗颗饱满的溪潭花生，还有家喻户晓的糖醋泡姜。

糖醋泡姜的包装只是普通的透明塑料罐子，可谓是平平常常，并不华丽，但是如果仔细看看，一根根嫩姜整齐地立在里面，挨挨挤挤又乱中有序，泡姜白嫩透亮，饱满匀称，就像一只只"纤纤玉手"，令人喜爱。再加上红糖水那浅淡的粉红，更是让人看了便垂涎三尺，移不开眼。

而那美味，更令人倾倒。

泡姜的口感十分清爽，咬一口便可以听见清脆的"咔嚓"声。稍一咀嚼，先是一阵辛辣的味道占据了味蕾，令人不敢恭维，但下一瞬间，甜甜酸酸的味道，便席卷你的口腔，满腔甜味四溢，回味无穷，口齿留香。它不仅味道好，还可以加快新陈代谢，延年益寿。

可是它的加工可不容易，首先要把市场上买来的嫩姜洗净晾干，再把姜放入罐中摆放整齐，倒入准备好的盐糖水以及醋，要刚刚好，将水没过生姜，然后密封好，泡制约一周时间，大功告成！

古话说冬吃萝卜夏吃姜，福安人常用姜来开胃。怎么样，你的口水是不是已经"飞流直下三千尺"了？那就快来福安尝尝吧！

三八妇女节

黄娜娜

每当我摔跤时总有一双温柔的手来搀扶我，每当我做作业做得晚时总有一个身影在陪伴我，每当我受到挫折时总有一个声音在安慰我，这就是最关心我的妈妈。日月如梭，光阴似箭，转眼间，一年一度的三八妇女节又来了。

这是个阳光明媚的下午，我走在回家的路上，马路上人来人往，车水马龙，依旧是那么的热闹。可我的心却如一团乱麻，回到家，我放下沉重的书包，走进房间一下子就躺到床上，一闭眼就想到老师给我们一项棘手的作业：向妈妈表达爱。我难为情地想：这可怎么说得出口啊？唉，作业终究是要完成的，我只好绞尽脑汁、冥思苦想起来，想着想着，就有了点儿眉目。我先制订了ABC三项计划，准备等妈妈回来后就立即行动。一会儿，妈妈回到了家，我本想着在这个时候说出"我爱你"这三个字，可不知怎么了，喉咙就像被刺卡住了，怎么也说不出话来。妈妈见我呆愣愣地站在她面前，便奇怪地问道："有什么事吗？"我吞吞吐吐地答道："妈妈，今……今天我……我想吃牛肉。""哦，直接说不就好吗？干什么支支吾吾的？"唉，A计划失败，实行B计划。

到了吃晚饭的时候，我想趁着这机会再说出"我爱你"三个字，于是我在心里努力地克服自己的不好意思，终于，正当我准备鼓起勇气向妈妈表达爱时，妈妈倒先发话了："这次语文单元考考得怎么样？老师今天都讲了些什么知识？今天上课有没有认真听讲？没发呆吧……"一个个问题如潮水般涌过来，要在平时我总会觉得很烦，总是不回答妈妈的问题，今天我才发现这是妈妈对我沉甸甸的爱啊！可是，现在要怎么插入话题呢？眼看这好不容易要吐出来的话又得咽回去，B计划失败，我只好实施C计划。

我跑进房间，在一张纸上写了"我爱你"三个字，然后悄悄地跑进妈妈的房间，找了一个妈妈容易看得到的地方——床头柜，把纸条扔在了那儿。可天有不测风云，事事不如我愿，突然刮起了大风，该死的大风把纸条吹到了地上，恰巧妈妈走了进来，我慌忙地捡起纸条，放到了口袋里，不用说，这个计划肯定又失败了。

现在，ABC三个计划全都"流产"了，我心急如焚，胸口仿佛有千万只蚂蚁在爬，急躁的心情难以平静。这时我看到了妈妈在洗碗，心想：这可能是我最后的机会了，一定要把握住啊。于是我快步走到妈妈面前，鼓足勇气大声说出了"我爱你"。说完，我心中的大石头头终于落了下来，可脸却红通通的。妈妈听了我的话，先是惊讶，后是愣住，最后露出了幸福的表情，一把搂住了我："女儿长大懂事了，妈妈真是太高兴了！"恍惚间，我感觉这不是在完成老师布置的作业，而是真心实意发出内心的三个字。

啊，这次三八妇女节，我永远也不会忘记，因为这一天我向妈妈表达了爱，也让我更加深切地体会到妈妈对我的爱……

甜蜜的泪

陈毓坤

人的一生会有许多次流泪,有的因为喜悦、有的因为悲伤、有的因为懊悔……而那一次的眼泪却让我感到无比甜蜜,至今难以忘记。

八岁那年夏天,天气十分炎热,我卧在空调房里看着动画片,见到电视中的人物在吃西瓜,我不禁咽了咽口水,扯着嗓子喊着:"爸爸我要吃西瓜,就是你们之前给我吃的'无籽瓜'!""这……现在太热了,等会儿去好吗?"爸爸无奈地问。

"不嘛,我现在就要吃无籽瓜!"我躺在地上耍赖。

"不行!"妈妈提高嗓门,"现在这么热,万一中暑了怎么办?!"

"没事儿,我扛得住!"爸爸拍着胸脯说完这番"豪言壮语",便下楼买"无籽瓜"了。

过了大约十分钟左右,门铃响了,我抢着开门,只见爸爸浑身大汗淋漓、满面通红地站在门口,肩头上扛着个大西瓜,急促地冲进了厨房。"砰"的一声就把门关上并上了锁,爸爸这是要独吞吗?!我使劲拍打着门喊着:"开门开门,爸爸开门!"却只换来一句"哦……"哼!明的不行,我就玩阴的!我找来厨房钥匙,将钥匙插入锁孔,轻轻一旋,门开了!我悄悄推开门,竟看到爸爸正用小勺一粒一粒地挑出西瓜籽,我躲在一旁默不作声,流下了感动的泪水,爸爸扭过头发现了我,支支吾吾地解释着:"儿……儿子……"原来爸妈给我吃的"无籽瓜",是他们在厨房来耗上大半天用勺子一粒一粒挑出黑籽,才给我吃的!

是啊,父爱如山,母爱如海,他们给我的爱是最伟大,最是无可替代的!

在碗中盛开的白莲花

白画源

我的家乡福安是闽东有名的"美食之乡",有铜镜一样爽脆的光饼,有雪球般香甜的糯米糍粑,有琥珀似的甜蜜的麦芽糖……而我最喜欢的却是有着"白莲花"之称的豆腐团。

舀一碗白嫩的豆腐团,淋上一勺棕红色的红糖姜汁,当它俩碰撞在一起时,一个绝世美人便横空出世了。你看,如果说那豆腐是它略施粉黛的俏脸,那么红糖姜汁就为它"点绛唇"。细一看,红白相间,可真是"欲把豆腐比西子,淡妆浓抹总相宜"啊!

等到老板拿一个圆形铜片铲横横竖竖切上几下,那碗中便神奇地盛开出一朵惟妙惟肖的"白莲花"来。"白莲花"散发出的淡淡豆香,沁人心脾,闻一闻都让人垂涎三尺!

说到豆腐脑的吃法也挺有意思。在漫长的时间里，老一辈福安人喜欢舍弃汤匙"大碗喝"，他们像"梁山好汉"那样，右手五指托起碗来，大拇指扣住碗沿，头一仰，脖子一伸，只见那碗豆腐团眨眼间就被"一饮而尽"了，那种潇洒，或许是经过人生历练的长辈们的豪放吧！跟随着时代的脚步，〇〇后的我却更加匆忙，喜欢用袋子装着吸，因为这种方法更加方便快捷。尽管如此，"白莲花"依旧香艳无比，刚刚它明明就在我的舌尖上盛开，转眼间，一瓣接一瓣，顺着"滑梯"（喉咙）滑落，我的口腔便溢满了它的芳香，它以独特的美绽放在我的心海，将我的心悄悄净化了。

别看它色美、气香、味好，它的制作过程可不简单！第一步，选好豆，浸泡一晚，接着磨成豆浆，再与纱布来次"亲密接触"——"过滤"一下，接着，冷却——再煮开——又冷却——凝固，重复两次，动作要快。这样，我们才能做出细滑爽嫩的豆腐团。而在同时，我们可以把水煮沸，放入捣碎的红糖和切好的姜，待糖融化后，把姜取出，冷却，制成红糖姜汁。最后把豆腐团和红糖姜汁"合二为一"，拌一下便大功告成！

"豆腐团，豆腐团来啰！"一听到那熟悉的叫卖声，我的眼前仿佛又看到那一朵朵盛开的"白莲花"，它不仅开在碗里，还绽放在大街小巷，最后在悠久的岁月盛开在福安老百姓的心田里！

指尖艺术——剪纸

白画源

"一把剪子一张纸,一幅剪纸一幅画。"中国的剪纸技巧真是出神入化,连外国人也为之倾倒,可说是俘获了众多人心呀。

就看看眼前这幅作品吧。

首先映入眼帘的就是小姑娘了,先看她的衣服,衣服十分精致,主要是一团一团的花;上衣是镂空的,过渡的地方有布条做成的蕾丝边,十分端庄;裙子和袖子都是以花为主体,袖子两边,一边的花是白的,底是蓝的;一边的花是蓝的,底是白的,不会呆板。乍一看还以为小姑娘躲在花丛中呢!再看头饰,也有一团一团的花。帽子下面飘着一条长长的白带;两只耳朵上钉着两个耳环。小姑娘就像一朵荷花,亭亭玉立,而这就出自艺人之手,他观察得多么细致啊,不然怎么会有如此美丽的姑娘呢?

再看蒙古包。

这一看就知道是蒙古包了。圆圆的，就像一朵蘑菇，从远处看来，草原上，竖立着一团一团"锦花"和一朵一朵"蘑菇"。蓝蓝的天，无边的草原，一切浑然天成。

地毯是正方形的，艺人也注意到了花纹。蒙古包外面裹着一圈牵牛花，十分美丽。小姑娘就坐在蒙古包旁，手上放着一本书，旁边也放一本书，我不禁想到这样场景：

小姑娘如痴如醉地看着这本书，一页一页，仿佛把她带到了那个地方：秦兵马俑坑、庐山、黄山……她沉浸在知识的海洋里，遨游着，畅想着，忘记了身边的一切事物，忘情地盯着书本……

剪纸艺人真是神了，把小姑娘剪得活灵活现，花纹比针还要细，不放过一个细节，把整个场景都剪出来了。

中华剪纸博大精深，每一幅剪纸都有着一个故事，真令人倾倒、令人佩服。

我是小小禁烟员

吴浩宇

"咳咳咳,爸,你又抽烟!"我打开卫生间的门,迎面扑来的烟味呛得我直咳嗽,烟鬼老爸又躲在卫生间抽烟了。

老爸啥都好,就是对烟缺乏抵抗力,妈妈每天念"紧箍咒",可他却有一万个抽烟的理由:客人来了,得招待一根,写文章没思路必须抽一根,闲得慌解解闷来一根……我和妈妈坚决反对,可爸爸却把我们的话全当耳边风,没事就来一支,有时还抽得满脸通红。唉,他是狡兔三窟,总能找到抽烟的基地和理由。妈妈便把我拉入"禁烟阵营"——让我随时注意老爸的抽烟动向,并及时向她汇报。这不,他又趁我和妈妈不注意,偷偷作案了。

他一看到我,一惊,跳了起来,差点儿摔了个四脚朝天,我赶忙把他扶好拉出了厕所,却又忍不住狠狠地用头顶了他一下,他疼得"哇哇"大叫。之后,我把爸爸抽烟的事告诉了妈妈,妈妈非常生气,爸爸又被狠狠地骂了一顿。哼,活该!

可挨骂并不能阻挡爸爸对烟的迷恋。一天,我做完作业想去阳台放松放松,一到阳台就看到爸爸一脸惬意地趴在栏杆上吞云吐雾。可恶,看我怎么治你!我拿来手机悄悄地把他抽烟的片段录了下来……结果可想而知——老爸又被妈妈教训了一顿,并且妈妈一气之下接连好几天都没搭理老爸。

尽管如此,爸爸仍旧没有戒烟的意思。看来我得拿出撒手锏了!爸爸平时最听外公的话,于是我动员外公对爸爸进行了几番说教。之后又悄悄地给爸爸写了一封信,信里倾诉了我对爸爸抽烟的不满,从抽烟对自身的危害,谈到二手烟对家人的健康影响,再到儿童吸入二手烟会影响发育,最后聊到抽烟影响了爸爸妈妈之间的和谐。望爸爸为了我的健康,为了我的成长,为了不让妈妈担忧,更为了自己,快快戒烟吧!

你别说,这招还真管用!我的一番话"感化"了爸爸,从那以后,爸爸便很少抽烟了,渐渐的,现在几乎看不见爸爸抽烟了。妈妈说那都是我的功劳,还夸我是"小小禁烟员"呢!我听了心里美滋滋的!身边喜欢抽烟的亲人很多,我一定要动员更多的人不要抽烟,做一个真正的"小小禁烟员"!

中秋纪事

周鑫铭

步履匆匆，忽见脚下月影浮动，抬头，是静谧的月，皎洁的月光倾撒人间。

诗人仰望星空，发出了"人有悲欢离合，月有阴晴圆缺。此事古难全，但愿人长久，千里共婵娟"的感慨。古人们如诗般的生活，其中掺杂着政治处境上的失意，与家人分离的不舍。中秋对月，无不抑郁惆然，陡然一转却以超然豁达的思想排除忧烦。古人是如此的飘逸洒脱。

海外游离的人们是否也是如此思念家人？月儿啊，它能帮助人们传达深深的思乡之情。每当那一轮圆月挂于天穹时，我便会开心地仰望着它的美，期盼家庭和谐团圆。

回到家中，妈妈早已备好了丰富的菜肴，等待辛苦工作的爸爸归来，然后一齐举起酒杯，共庆这团圆之时。可已经过了许久，爸爸却迟迟未归。我望天，月儿躲进了云层。饭菜早就已经凉了,身心疲惫的爸爸终于加班归来。夜渐渐深了,妈妈把桌子抬到了阳台上,一家人在葡萄藤下,倚在摇椅之上,手持圆扇,品尝月饼。抬眼,那玉盘慢慢露出光来。

圆月挂在空中,让我想起了儿时的中秋节,那时,全家人都会在外婆家里团聚。外婆家有一片茉莉花田,无时无刻都散发出阵阵幽香,那香味充斥着我整个童年的味道。夏天,溪边蛙声不绝,那一声声蛙叫伴着蝉鸣,就如夏天的协奏曲一般,永不绝耳,清脆响亮。全家人都聚于桌前,举杯畅饮。小孩们手中都拿着一个比脸还大的月饼。上面用芝麻撒上"佳节团圆"四个字,酥脆可口,是我最爱。叔伯饮罢,总爱教我们唱童谣:"月啊月,汝饼大,吾饼盈……"

那美好的团圆回忆将永远封存在我的脑海里。中秋佳节,当空对月,与家人团圆胜之任何,这美好的中秋哟!

教 师 赞

郑垚堰

九月金秋，教师佳节，心潮翻涌，往事如梭。多少年风风雨雨，多少载日日月月，多少次寻寻觅觅，多少回曲曲折折。总会想起力量之源泉，总会感念智慧之星火，总会吟唱礼赞教师之歌。

教师之业，神圣而悲壮。古人云："师者，传道授业解惑也。"古往今来，凡步入教师之行业，就意味着燃烧自己、照亮别人矢志求索！夏商周，多少塾庠序校之师，默默无闻，辛勤耕耘，培育万千民族之脊梁，谱写中华文明千古之颂歌。悠悠历史，耿耿星河，凡出类拔萃、功勋卓著者必有良师，而其师者，为此无怨无悔付出毕生之心血。

教师之路，平凡而曲折。春秋冬夏，三尺讲台十数书桌；斗转星移，校园教室简陋寒舍。同样之路反反复复，平凡之事岁月蹉跎。也有辛酸苦辣，也曾悲欢离合，也知世事冷暖，也食人间烟火。面对童真，擦干泪水，让春风轻拂蓓蕾；登上讲坛，激扬文字，让智慧洒满希望的田野。平凡之路，平凡之生活，却洋溢着崇高，让人难以忘怀那激情之诉说。

教师之梦，美丽而淡泊。教师之美丽梦想，莫过于青出于蓝而胜于蓝，而后生贤达，恰是师者梦寐以求之寄托。或许师者，博古通今得以明志；或许师者，胸怀宽广志向高雅；或许教师之美丽梦想，源于美丽而无私之职业。

回首往事兮景幻多，感念我师兮梦婆娑。

佳节欣逢兮追前溯，烛光旧影兮赋新辞。

一起走过

郑垚堰

> 记忆是心中的蔷薇,永远不会败落。
> ——席慕蓉

落英缤纷,流水潺湲,世界愈发美好,只因,我们一起走过;

曦光灿灿,暮色漫漫,生活更加多彩,只因,我们一起走过;

风声回转,雨丝轻溅,心灵更显澄澈,只因,我们一起走过……

自我出生起,便与雨结下了不解之缘。犹记得,儿时的我独爱雨天,也不知是因为什么,只觉得和雨特别地亲近。走近雨,走进雨,内心总会有一股莫名的冲动,只觉得那淅淅沥沥的雨浸润肌肤是一种很美妙的享受。

初入小学，仍是一个懵懂无知的女孩儿，但雨季来临，却已经不再到雨中玩耍了。那时的我，对一切都很敏感，只是淡然地和她相敬如宾。

而如今的我已告别儿时雨季，眉宇已然褪去一份青涩，初露一丝英气，对雨自然也有了另一种难以捉摸的情感……

"水光潋滟晴方好，山色空蒙雨亦奇。"雨，如烟，如雾，如丝，如梦。雨珠悄然滑落于脸颊之间，沁入心扉，清凉几许，迷蒙几许。

淅淅沥沥，滴滴答答，密密匝匝。雨丝飞落，如曼妙的舞姬，令我心旌摇曳。

现在的我，坐在窗前，写着作文，虽然没有你的陪伴，但我依然自信，一起走过的路上，留下一行小诗：

走过恋恋风尘，才发现，记忆是心中永远不灭的炊烟，今天的你，永远是我现在不老的容颜……

沙沙挲挲，淅淅沥沥，听，你的声音仍然在我耳畔萦绕，我知道，那是我们心与心的共鸣。

蔷薇依然盛开，芬芳依旧馥郁，这一切只因，我们一起走过！

挫折不可怕

彭津琳

人生中，难免有些挫折和困难，它们就像人生路上的绊脚石。若你摔倒了，就趴在那儿不起来吗？不，你应该站起来，跨过那块绊倒你的石头，继续往前走。遇到挫折，那便打败挫折，其实，挫折不可怕。在小学一年级时，我的字写得很丑，可以说"字不如人"。语文老师也经常批评我："女孩子的字怎么可以写得这么丑，简直惨不忍睹。"其实，我也努力过，一笔一画地写，但是字还是那样见不得人，潦草依旧。它就像打不败的怪兽，无论我怎样努力，怎样想方设法，它还是那样屹立不倒。渐渐地，我放弃了，字越发惨不忍睹。

星期三的第三节课，对于我来说很可怕，因为那一节是写字课。上课铃响了，这对我来说简直是噩梦的前奏。今天，老师说教我们写的是"妙、好、姓"这三个字。开始动笔了，我的字依旧龙飞凤舞，像是鬼画符。我生怕老师会走来看我的字，所以每写一行字，我都要朝四周瞄上几眼，看看老师在哪儿，离我多远。天啊！这次我听到了老师的脚步声，越来越近，越来越近……这时，我都可以听见自己咚咚的心跳声了。老师靠近了，怎么办，怎么办？来了，来了！"字写得怎么样？让老师看看吧！"我下意识地用手捂住写字本。"我的字丑不好看！""悄悄告诉你，老师小时候字写得也很丑，你只要慢慢练，好好练，字自然会变好看的！不用不好意思，让老师看看吧！"老师笑得好甜，声音好温柔。我不由自主地把手放下了，准备接受老师的批评。突然，一只温暖的手把着我肉嘟嘟的小手，教我写好字，每一行都十分工整，小巧。接着老师把怎样写好字的窍门交给我。她身上的气息好温暖，好亲切，好像一位慈祥的母亲。

得到了窍门，我就拼命地练，日夜不停，昼夜不分。就这样，渐渐地，我的字变得好看起来，语文老师也常常夸我。我终于把怪兽打跑了！

写字老师就像在我成长路上的一盏灯，带给我光明。老师她只来到学校教了一个学期，虽然我不知道她尊姓，但她最美的样子深深印在了我的脑海。挫折，不可怕！只要你愿意去打败它，努力去挑战它，那么挫折将会成为人生中最亮的那颗明星。

真诚的人

陈嘉怡

有那么一个人,至今想起,仍使我难忘。

记得那是个夏天,酷暑难耐。一天下午,妈妈让我去买一些蔬菜。我随手拿起桌上的零钱便出门了。菜市场热闹极了,顶花带刺的黄瓜,大朵大朵的菜花,新鲜诱人的胡萝卜……令我目不暇接。我选了妈妈常去的菜摊,挑好了新鲜的蔬菜给摊主。

趁着称重,我仔细观察了这位摊主:他的皮肤黑黝黝的,有一双长满茧的手,脸上有许多皱纹,而每一条粗糙的纹路都记录着他那饱受风霜的艰辛生活,他甚至有些邋遢,裤腿和衣角都积满了尘土。"小朋友,你的菜,一共十七块。"想起还要买肉,我赶忙接过塑料袋,匆匆放下一张纸币,转身便走。

可是还没走几步,就听到急促的叫喊声:"小朋友,我还没找你钱呢。"我听到喊声,便转过头去,哦,原来是之前那位卖菜老伯伯啊。只见他拿着三张皱巴巴的一元纸币,递给我说:"小朋友,这是找给你的钱。"说完,他用手抹掉脸上的汗珠。我接过钱,满怀感激地对大伯说:"谢谢您。"说完,他就急急忙忙转身走了。

我望着他那离去的身影,感触良多:这个其貌不扬的摊主有着真诚的心,他不贪图钱财,童叟无欺。认真做买卖,这让我感激之余感慨万分。真诚,看似虚无缥缈,但只要我们处处留心,你就会发现它无处不在。那个真诚的大伯,不正具有这种品质吗?

我相信,只要我们都能真诚相待,世界会更美好。愿真诚之花处处盛开。

享受旅游的乐趣

王子元

古人曾经说过:"读万卷书,行万里路。"每到假期我都会去游览祖国的风景名胜,走进神秘莫测的大自然,享受旅游的快乐时光。

十一长假,我慕名来到武夷山游玩。相传宋朝理学家朱熹曾在武夷山办学、讲经。循着历史的足迹,我们来到了朱熹教书之地——武夷精舍。辄入,映入眼帘的是朱熹的字画,雄浑遒劲宛若朱熹就在你的面前添墨、挥毫,似乎可以听到他的轻喘。入内,展现在眼前的是一个学堂。方桌长凳,一派严整的阵势,我找了个位子,在朱熹弟子的塑像旁坐下,恍惚间自己已穿越到宋代,成了朱熹的弟子。先生近在咫尺,听他娓娓道来,那一刻我似乎触摸到历史的脉搏,让人心驰神往。坐着竹筏漂流在九曲碧溪上,仰望岩壁上的千年悬棺,欣赏崖壁上气势恢宏的大字，心中不由得吟诵起朱熹所作《九曲棹歌》，恍然觉得自己正漂流在历史长河之中，这是一次多么愉快而美好的旅程。

徜徉历史的长河，固然令人神魂颠倒。和大自然的亲密接触更让人沉醉。

暑假，我来到了九寨沟。九寨之魂在于水。平湖飞瀑奔流而下，如珍珠的屏，水晶一般，澄莹剔透，争先恐后或入池中，激起烟尘，升腾将人笼罩；或击打在崖上，青苔上很快缀满珍珠；或飞在人脸上、身上，凉丝丝的好不痛快！

五花海真叫人目不暇接，光一池水，蓝极绿极，忽蓝忽绿，别有一番静美。树影在湖上悠悠徘徊，蓝天在湖上荡漾，云似乎在湖上飘飞，与湖底细沙一齐深深地融化、浓缩在一湖清水中。湖水的微波漾着我的心。不一会儿，心也融化在这一湖平静而深沉的幻影里。我恨我不能画，文字竟是世界上最无用的东西，写不出这空灵妙景。

五彩池层层叠叠，简直是一个巨大的调色盘！看，颜色一点儿也不死板，灵动得绝非任何颜料可以比拟。远望，深蓝、淡蓝、鹅黄、淡黄、荧绿存乎此景，又如此自然，互不干扰。近看，不过一湖清水而已。睹此奇观，更觉飘飘欲仙，超凡脱俗，澄心静虑不提，我已沉醉其中无法自拔。

旅游的时光总是短暂的，每一次旅行总让我满载而归。陆游说得好:"纸上得来终觉浅,绝知此事要躬行。"我享受旅游带来的乐趣,我喜欢这种润物无声的学习方式。